ミネルヴァ日本評伝選

足利直義

下知、件のごとし

亀田俊和著

ミネルヴァ書房

刊行の趣意

「学問は歴史に極まり候ことに候」とは、先哲荻生徂徠のことばである。

歴史のなかにこそ人間の智恵は宿されている。人間の愚かさもそこにはあらわだ。この歴史を探り、歴史に学んでこそ、人間はようやくみずからの正体を知り、いくらかは賢くなることができる。新しい勇気を得て未来に向かうことができる。徂徠はそう言いたかったのだろう。

「ミネルヴァ日本評伝選」は、私たちの直接の先人について、この人間知を学びなおそうという試みである。日本列島の過去に生きた人々の言行を、深く、くわしく探って、そこに現代への批判を聴きとろうとする試みである。日本人ばかりではない。列島の歴史にかかわった多くの異国の人々の声にも耳を傾けよう。

先人たちの書き残した文章をそのひだにまで立ち入って読み、彼らの旅した跡をたどりなおし、彼らのなしとげた事業を広い文脈のなかで注意深く観察しなおす——そのとき、はじめて先人たちはいまの私たちのかたわらによみがえってくる。彼らのなまの声で歴史の智恵を、また人間であることのよろこびと苦しみを、私たちに伝えてくれもするだろう。

この「評伝選」のつらなりのなかから、列島の歴史はおのずからその複雑さと奥ゆきの深さをもって浮かび上がってくるはずだ。これを読むとき、私たちのなかに新たな自信と勇気が湧いてきて、その矜持と勇気をもって「グローバリゼーション」の世紀に立ち向かってゆくことができる——そのような「ミネルヴァ日本評伝選」にしたいと、私たちは願っている。

平成十五年（二〇〇三）九月

上横手雅敬
芳賀　徹

「伝源頼朝像」（神護寺蔵）

近年，足利直義像とする説が有力になっている（本書114～116頁参照）。

湊川神社（神戸市中央区多聞通）

御所八幡宮（三条殿跡地）（京都市中京区御池通高倉東入亀甲屋町）

義を大好きだったことだと思う。佐藤氏が直義に親近感や特別な思い入れを抱いているのは、よく知られた話である。

こうして、学界で直義研究が大いに進展しただけではなく、一般の歴史愛好家の方々にも直義ファンが増えることとなった。筆者の個人的な知り合いにも、直義ファンの方が散見する。

実は筆者自身も、南北朝期室町幕府の研究を始めたきっかけは直義であった。うろ覚えで恐縮だが、高校生の頃、図書室で佐藤氏の愛弟子である笠松宏至氏による「足利直義」をたまたま読んで、非常に感動した記憶がある。冒頭の、「北条高時《たかとき》、護良親王《もりよししんのう》、後醍醐天皇、新田義貞、高師直《こうのもろなお》、足利尊氏・義詮《よしあきら》。(中略)どんなに殺伐な中世でも、短い一生のあいだにこれだけの敵をつくった人間は珍しいといわなければならないだろう」という文章が強烈な印象として残っている。

これはもう二〇年以上も前の話であるが、現在も学界の直義に対するリスペクトはとどまるところを知らないように思える。近年では、嫡子如意王への深い愛情や篤い仏教信仰も強調され、「仏国土の理想郷を目指した」とする評価まで登場した。ここまで来ると、非の打ち所がまったくない聖人君子に祭り上げられた観さえある。

しかし、終戦まで足利直義の評価は必ずしも高くなかった。江戸時代における直義評は、目的のためには手段を選ばない権謀術策のマキャヴェリストとするものが主流であった。狡猾で陰険かつ卑劣な直義像は、現代の好意的評価に慣れた目からするとかえって新鮮に見える。

明治以降、欧米から近代実証的歴史学が輸入され、田中義成のように政治家としての直義に一定の

はしがき

足利直義《あしかがただよし》は、終戦後に歴史上の評価が劇的に好転した人物の一人なのではないだろうか。兄である室町幕府初代将軍足利尊氏と幕府の権限を分割して統治し、初期幕府において副将軍に類した立場にあった彼は、武士の寺社本所領侵略を禁止する政策に象徴的に見られるように、鎌倉幕府以来の伝統的な秩序を維持する政治に腐心した。また、臨済禅を中心に仏教信仰も篤く、安国寺・利生塔の建設を推進し、高僧夢窓疎石《むそうそせき》との仏道議論をまとめた『夢中問答集《むちゅうもんどうしゅう》』に窺えるように、論理的思考を尊重する知性と教養にあふれる人物でもあった。現在における直義像は、おおよそこんなところであろうか。

なぜ、戦後における直義の評価はこんなに高いのであろうか。第一に、直義が管轄した不動産訴訟（所務沙汰）関連の古文書が、特に寺社文書に比較的豊富に伝来することが挙げられる。第二に、それも大きな要因となって、前代鎌倉幕府における所務沙汰研究が非常に進展し、その成果を継承する形で直義の権限に関する分析も進行したことが大きい。

しかし最大の原因は、戦後の日本中世政治史の大枠を形成した日本史学界の巨人・佐藤進一氏が直

「伝源頼朝像」（神護寺蔵）

近年，足利直義像とする説が有力になっている（本書114～116頁参照）。

湊川神社（神戸市中央区多聞通）

御所八幡宮（三条殿跡地）（京都市中京区御池通高倉東入亀甲屋町）

評価を下す研究者も現れた。しかし昭和初期に皇国史観が圧倒的に優勢となると、当然直義は「逆賊」尊氏とセットで日本史上有数の大悪人とされた。そして戦後は、繰り返すとおり佐藤進一氏の大きな影響によって、直義に対する評価がうなぎ登りになったわけである。

しかしながら、特に江戸時代に顕著に見られる直義悪玉論はすべて間違っているのであろうか。本論で述べるように、大塔宮護良親王を殺害し、結果論ではあるが後醍醐天皇との決戦を不可避にしたのは直義である。後醍醐の帰京命令に従おうとした尊氏を強引に留め、天皇との戦いを嫌がって浄《じょう》光明寺《こうみょうじ》に引きこもった尊氏を尻目に、軍勢催促状を多数発給して新田義貞以下足利追討軍との決戦を開始し、尊氏を挙兵せざるを得ないように追い込んだのも直義。後年の幕府執事高師直との抗争においても、師直の権限を縮小し、暗殺を目論み（これを史実とするには慎重になるべきであるが）、執事罷免を画策するなど、先制攻撃を仕掛けたのは常に直義なのである。観応の擾乱《じょうらん》で、南朝に降伏するという禁じ手を先に用いたのも彼であった。「目的のために手段を選ばない権謀の人」という江戸時代の直義像は、実は真実の一面を突いているのかもしれないのである。

また、寺社・公家・地頭御家人の権益を擁護して鎌倉幕府的秩序の維持を目指した彼の保守的な政策志向も高く評価されることが多い。しかし南北朝時代のような変化が激しい時代において、現実的な改革を阻害した側面もあるように見受けられる。

本書は伝記であるので、直義の生涯を一般の歴史愛好家の方々に紹介することが目的であるのはもちろんである。それに加えて、改めて特に政治家としての直義の事蹟を丹念にまとめて、その評価を再検討する。それが本書の目標である。

「南朝忠臣史観」や「高師直悪玉史観」など、現代なお潜在的な影響力を及ぼす通説的な歴史観を批判してきた著者が、直義に関しては葬り去られた過去の見解を見直そうというのも何だか皮肉である。しかし、根底に流れる思考回路は一貫しているつもりである。

なお、今回は長文の史料を引用した箇所があるので、引用史料は原文に訓点を施すにとどめている。難解に感じられたら、その箇所は読み飛ばしてもかまわない。それでは、早速始めよう。

足利直義——下知、件のごとし

目次

はしがき

図版写真一覧

第一章　直義の出自

1　鎌倉時代の足利氏

直義の誕生

足利直義は、足利貞氏《さだうじ》の子として生まれた。母親は上杉清子《きよこ》。同母兄に、後に室町幕府初代将軍となった高氏（後の尊氏）がいる。さらに異母兄として、貞氏の正妻金沢《かねさわ》顕時《あきとき》の娘釈迦堂殿が産んだ高義《たかよし》がいた。

直義の生年は、彼が出家したときの年齢を記した『公卿補任《くぎょうぶにん》』貞和五年（一三四九）条などから逆算して、徳治元年（一三〇六）とするのが定説であった。しかし、近年発見された『賢俊《けんしゅん》僧正日記』暦応五年（一三四二）分の二月条の記述などから、徳治二年（一三〇七）誕生とする見解も有力である。兄の高氏とは、一歳もしくは二歳違いということになる。本書では、徳治二年説を採用して叙述を進めたい。なお年齢は、数え年で表記する。

直義が清和源氏の名門足利氏の家に妾腹の弟として生まれたことは、武将・政治家としての人間形成に多大な影響を及ぼした。また高氏兄弟に至るまでの足利氏の歴史については、これまで多くの歴史学者が詳細に研究し、論じてきたところである。本書では、最新の研究成果に基づいてその概要を紹介し、直義の人格形成について考えてみたい。

清和源氏足利氏の祖義康・義兼

前九年・後三年の役に勝利し、陸奥守と鎮守府将軍を兼任し、源氏の棟梁として名声を誇った八幡太郎源義家。その孫である義康《よしやす》が、足利氏の祖である。父義国が経営していた下野国足利荘を相続し、足利を名字とした。ちなみに、足利荘に隣接する上野国新田荘を譲り受けた兄義重は新田氏の祖となった。

足利義康は、保元元年（一一五六）に起こった保元の乱に後白河天皇方として参戦した。平清盛隊三〇〇騎、源義朝隊二〇〇騎に次ぐ一〇〇騎を率いて、後白河軍主力として近衛方面から崇徳上皇の白河北殿を攻撃した。すでに日本有数の強大な武士であったことが窺える。しかし、翌年死去した。

治承四年（一一八〇）、源頼朝が東国で挙兵すると、足利義康の遺児義兼《よしかね》は即座に頼朝に従い、以降頼朝方の武将として数多くの著名な合戦で活躍した。足利義兼の母が熱田大宮司範忠の娘で、頼朝の母の姪にあたる女性であったことが、この背景に存在したと指摘されている。

養和元年（一一八一）二月には、義兼は北条政子の妹時子《ときこ》と結婚し、頼朝と義兄弟の関係となった。文治元年（一一八五）八月には、頼朝が知行国主を務める上総国の介（次官）に任命された。その後も、頼朝外出時の随行などにおいて、北条時政らに匹敵する厚遇を頼朝から受け続けた。

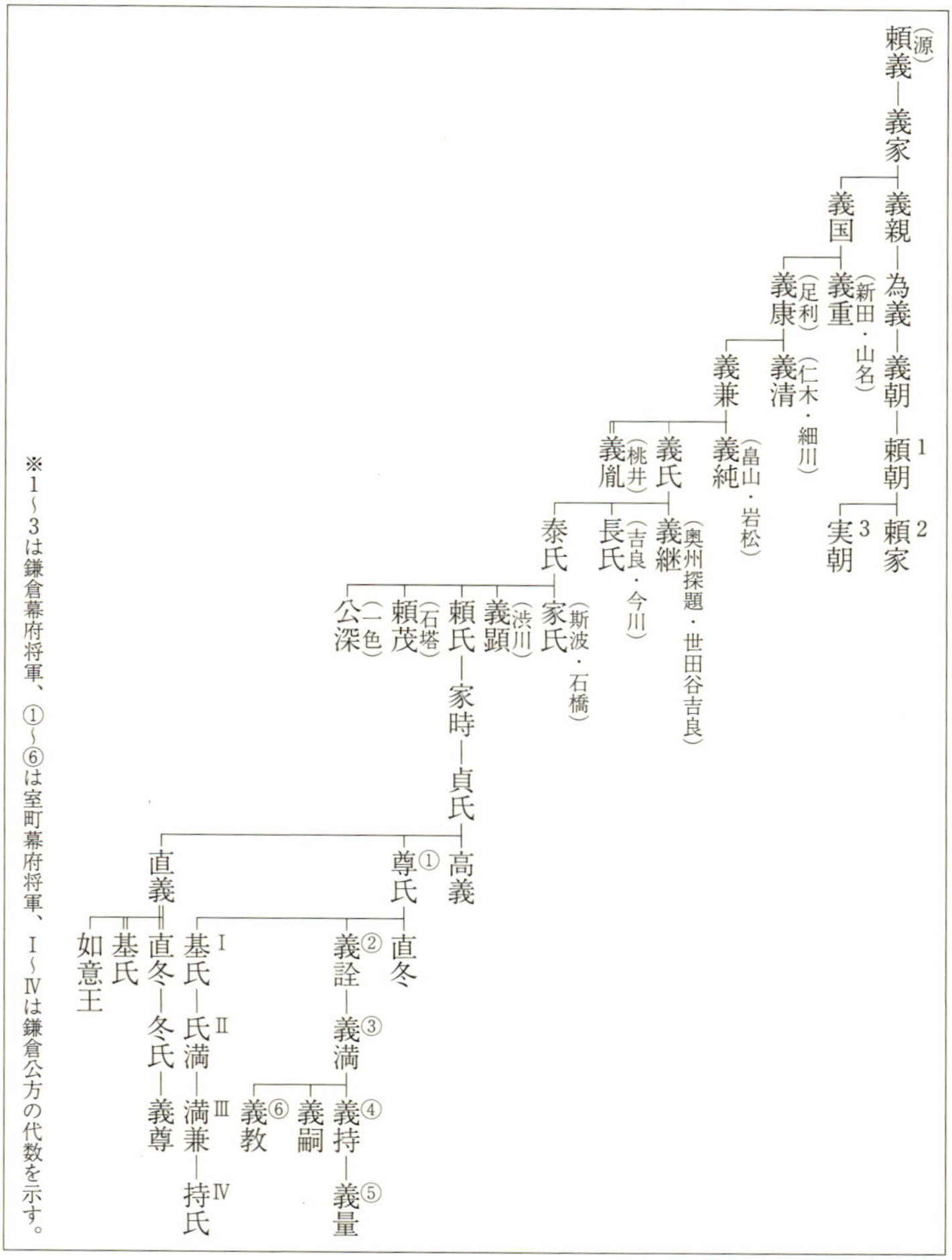
（源）頼義
義家
義親
義国
為義
（新田・山名）義重
（足利）義康
義朝
1 頼朝
2 頼家
3 実朝
（仁木・細川）義清
義兼
（畠山・岩松）義純
義氏
（桃井）義胤
（奥州探題・世田谷吉良）義継
（吉良・今川）長氏
泰氏
（斯波・石橋）家氏
（渋川）義顕
頼氏
（石塔）頼茂
（一色）公深
家時
貞氏
高義
①尊氏
直義
直冬
②義詮
Ⅰ基氏
直冬
基氏
如意王
③義満
Ⅱ氏満
冬氏
④義持
義嗣
⑥義教
Ⅲ満兼
義尊
⑤義量
Ⅳ持氏
※1～3は鎌倉幕府将軍、①～⑥は室町幕府将軍、Ⅰ～Ⅳは鎌倉公方の代数を示す。

清和源氏―足利氏略系図

しかし建久六年（一一九五）頃、義兼は四二歳の若さで突然出家し、政界を引退してしまう。この事件は謎が多いが、原因として、鎌倉幕府初代将軍源頼朝が義経・範頼《のりより》といった弟たちでさえ殺害し、甲斐源氏武田氏や信濃源氏大内氏といった清和源氏一門に対しても厳しい統制や粛正を断行したことが挙げられている。義兼は頼朝の政策に危機感を抱き、清和源氏の中でも非常に高い家格を誇る足利氏を守るために出家したと思われる。出家後、義兼は足利の樺崎寺《かばさきじ》に隠居し、建久一〇年（一一九九）に死去した。

鎌倉時代足利氏の最盛期を築いた義氏

義兼の引退後、わずか七歳で足利氏を相続したのが嫡子義氏《よしうじ》である。父と同様、武勇に優れた武士であったらしい。元久二年（一二〇五）、鎌倉幕府初代執権北条時政と畠山重忠《はたけやましげただ》の戦いに時政方として出陣。建暦三年（一二一三）の和田合戦においても、北条方に味方した。

承久三年（一二二一）の承久の乱においては、北条時房《ときふさ》・泰時《やすとき》らとともに一〇万騎の大軍を率いて東海道を攻め上った。義氏は暦仁元年（一二三八）以前に三河守護となったが、これは承久の乱の恩賞と考えられている。やがて三河国には、足利一門や執事を務めた高一族の勢力が広範に浸透し、同国は下野国足利荘に次ぐ第二の本領となった。

宝治元年（一二四七）の宝治合戦で三浦氏が滅亡すると、義氏は上総権介秀胤の所領を恩賞として拝領し、正嘉三年（一二五九）以前には上総守護職も獲得した。

この間、建保三年（一二一五）頃には、後の三代執権北条泰時の娘と結婚した。官位も順調に昇進し、寛喜三年（一二三一）頃には左馬頭となり、位階も正四位下に昇り、北条氏の執権・連署に匹敵する地位を誇った。さらに、仁治二〜三年（一二四一〜四二）には四代将軍九条頼経《よりつね》家政所にも参加し、将軍家政所下文に署判を加えている。

要するに足利義氏は、執権北条氏と姻戚関係で密接につながり、北条氏の戦争に積極的に加担してその関係をいっそう強化し、幕府内部に強固な地位を築き上げたのである。義氏の時代が鎌倉期足利氏の最盛期であることは、多くの論者の見解が一致している。

足利泰氏の自由出家事件

しかし、足利氏の栄華に突然陰りが見えだした。建長三年（一二五一）、義氏の嫡子泰氏《やすうじ》が、所領下総国埴生《はぶ》荘で突然出家してしまったのである。三六歳の若さであった。幕府に無断で出家することは「自由出家」と言われ、重大な違反行為であった。埴生荘は幕府に没収され、泰氏は足利荘に逼塞し、文永七年（一二七〇）に死去するまで長い余生を過ごした。現代では、泰氏の自由出家事件は、四代将軍九条頼経・五代頼嗣《よりつぐ》父子と北条氏との権力抗争に密接な関係があったと推定されている。

泰氏の失脚後、足利氏の家督は子息利氏《としうじ》（後の頼氏《よりうじ》）がわずか一二歳で継いだ。五代執権北条時頼《ときより》の娘を母としていた。だが、このわずか三年後の建長六年（一二五四）、後見役の祖父義氏が六六歳で死去してしまう。頼氏は北条一門の佐介時盛の娘を正室とするが、父泰氏までは全員北条氏嫡流（得宗家）の子女と結婚したのでここにも後退が窺える。しかも頼氏は弘長二年（一二六二）、二三歳の若さで死去してしまう。

足利頼氏は若くして死去したため、正妻佐介氏との間に嫡男は生まれなかったようである。後を継いだのは、上杉重房《しげふさ》の娘を母とする家時《いえとき》であった。ここに、北条氏との血縁関係を持たない異例の当主が誕生した。

足利家時の自殺

弘安七年（一二八四）六月二五日、足利家時はわずか二五歳の若さで死去する。自殺であった可能性が非常に高い。この事件は、同時期に起こった北条得宗家による庶流佐介氏への大弾圧と密接な関係があるとされている。

家時は、死に際して置文《おきぶみ》を遺した。その置文は足利家執事高師氏《もろうじ》が預かり、後年師氏の孫師秋《もろあき》が直義に見せて感激させた（無年号四月五日付足利直義御内書、山城醍醐寺三宝院文書）。これが南北朝後期に九州探題を務めた今川了俊《りょうしゅん》の著書『難太平記《なんたいへいき》』で大幅に誇張されて伝えられ、足利氏が平安以来ずっと天下を獲る野望を秘めていたとする「伝説」が形成されたのであるが、これは現在は否定的に考えられている。

足利貞氏の「物狂所労」

家時の後継者は、嫡子足利貞氏である。母親は常葉《ときわ》時茂の娘であった。時茂は幕府の西国統治機関である六波羅探題北方を務めた幕府の重鎮ではあるが、極楽寺流の出身でやはり北条一門の庶流である。

貞氏の時代には足利氏の凋落はいっそう進行していたらしく、菩提寺である足利荘内の鑁阿寺《ばんなじ》の運営さえもかなり苦しかったらしい。前述したように金沢顕時の娘を妻に迎えるが、これも北条一門庶流の女性である。

苦しい経済事情や北条氏との緊張を強いられる関係は、貞氏に大きな精神的なストレスを与えたらしい。正安四年（一三〇二）二月九日には、長年の「物狂所労」（精神的な病気）を取り除くために祈禱が行われた。足利氏を精神異常者を輩出した家系であるとする定説も現在では否定されているが、貞氏に関してはそれを史料的に確認できる。

このような状態であったので、正安四年〜嘉元三年頃（一三〇二〜〇五）、高氏が生まれる頃に貞氏は三〇代前半の若さで出家してしまった。

以上に見るように、鎌倉期における足利氏の歴史叙述は、どうしても北条氏からの抑圧を受けた側面ばかりが目立ちやすい。ただ一方では、鎌倉最末期においても依然北条一門クラスの厚遇を受けていた。また、全国に散在する膨大な所領や被官を所有し、鎌倉幕府や得宗家に匹敵する家政機関を発達させて、執事高一族を中心に運営させていた。幕府屈指の有力御家人であったことは強調しておきたい。

2　妾腹の子

本来の嫡流足利高義

貞氏が出家した後、足利氏家督を継いだのが高義である。前述したように金沢顕時の娘で釈迦堂殿と称した女性を母としており、本来は彼が嫡男であった。実際、足利高義が足利氏当主として権限を行使している事例も知られる。

しかし文保元年（一三一七）六月、高義はわずか二一歳で夭折してしまう。このとき、異母弟の高氏はまだ一三歳に過ぎなかった。一方高義には二人の男児がおり、釈迦堂殿もまだ健在であった（釈迦堂殿は暦応元年（一三三八）九月に死去）。

その後、引退していた貞氏が当主として復帰する。貞氏は、庶子高氏ではなく嫡子高義の遺児に家督を継承する意向であったと思われる。高氏が成人した後も、当主の地位を彼に譲らなかったからである。加えて、足利氏の嫡男は代々仮名「三郎」を名乗っていたのであるが、高氏が元服して「又太郎」と称したこともその傍証とされている。

元応元年（一三一九）一〇月、一五歳となって元服した高氏は朝廷から従五位下・治部大輔に任命された。これをもって、高氏が家督継承者に内定したとする見解もあるが、叙爵・任官と家督継承は直結しないとする清水克行氏の見解が妥当であろう。

貞氏がこのような意向を持ったであろう理由は、やはり母親の出自だと思われる。前節で見たとおり、鎌倉期の足利氏歴代は極力北条氏を母とする子に家を相続させる方針を採ってきた。これは、北条氏との血縁関係を維持することで、北条氏に粛正される可能性を減らし、幕府内における立場を維持する政策である。唯一の例外が高氏と同じく上杉氏を母とする家時であったが、彼が悲劇的な最期を遂げたのも大きな影響を与えたであろう。

結局貞氏は、元弘元年（一三三一）九月五日に五九歳で死去するまで家督を手放さなかった模様である。このとき、高氏はすでに二七歳になっていた。

にもかかわらず、結局高氏が後継者となったのは、高義の二人の子息が何らかの理由で家督を継承できなくなったからであると思われる。というわけで、高氏・直義兄弟がいよいよ歴史の表舞台に登場することとなった。

高氏・直義兄弟の登場

嘉暦元年（一三二六）五月二六日には、それまで無位無官であった直義が、二〇歳にして従五位下・兵部大輔に叙任されている（『足利家官位記』）。

直義は、最初「高国」と称した（『尊卑分脈《そんぴぶんみゃく》』）。兄高義・高氏と同様、「高」の字が得宗北条高時の諱を賜ったものであることはあきらかである。また、「忠義」と表記したこともあったらしい。鎌倉幕府滅亡直後の元弘三年（一三三三）一〇月一〇日にはすでに「直義」と名乗っている（以上、『公卿補任』康永三年（一三四四）条）。改名の時期は不明であるが、常識的に考えれば倒幕後間もなくだったのではないだろうか。

兄の高氏が赤橋登子《あかはしとうし》を正室に迎えたのは、直義叙任の少し後であるようだ。赤橋氏は北条一門極楽寺流の有力者で、登子の兄英《ひで》時《とき》は幕府の九州統治機関・鎮西探題を務め、同じく兄守時は最後の一六代執権を務めた人物である。これは、北条氏と血縁関係がない高氏の弱点を補う婚姻だった。元徳二年（一三三〇）、高氏と登子の間に嫡男千寿王《せんじゅおう》（後の二代将軍義詮）が誕生する。

足利尊氏（等持院蔵）

父貞氏が死去した後の元徳四年（一三三二）二月二九日、高氏は現存する最古の古文書を発給し、名実ともに足利氏当主に就任する。高氏の同母弟である直義は、兄を補佐する使命を与えられたのである。

そして高氏の家督継承直後に勃発し、足利氏に重大な選択をせまったのが、後醍醐天皇による鎌倉幕府倒幕運動、いわゆる元弘の乱である。

足利氏が後醍醐天皇に味方した理由

鎌倉幕府の有力御家人であった高氏が幕府を裏切った理由として、従来は⑴孫の高氏に「天下獲り」を託して自殺した足利家時置文の存在、⑵清和源氏の高い家格を誇るにもかかわらず、家来筋の北条氏に長年抑圧されてきた怨恨が挙げられていた。しかし近年の研究では、いずれも否定的にとらえられている。

⑴については、すでに述べたように家時の置文が存在したことは確実であるが、天下を望む内容ではなかったとする見解が有力である。

⑵に関しても、前項で瞥見したように足利氏と北条氏の間に潜在的に不協和音が存在したのは事実である。だが対立が顕在化しかけた場合、足利氏が必ず出家引退や自殺といった手段で事を収めてきた史実を軽視してはなるまい。足利氏当主は代々鎌倉に居住し、人脈的にも組織的にも幕府の体制に完全に順応していた。基本的に北条氏と協調路線を維持していたのである。

また足利氏の高い家格というのも、実はかなり疑わしい。高氏・直義兄弟が妾腹の出身であったことはすでに述べたとおりであるし、そもそも足利一門内における同氏嫡流の位置づけさえも絶対的ではなかった。足利氏の兄筋にあたる一門も数多く存在し、斯波《しば》氏などは南北朝中期頃まで「足利」と名乗っていたほどである。中には、わざわざ高氏に系図を見せて家柄を誇る者までいたという。

さらに、(3)父貞氏死去による服喪中で自らも病気であったにもかかわらず、たびたび西国遠征を命じられた怒りも指摘されることがある。だが、成人後も自分に家督を譲らなかった父親を高氏が心底から慕っていたとは筆者には思えない。確かに服喪中・病中の出陣は経済的・肉体的・精神的にかなりの負担であろうが、倒幕を決意する直接的な要因とは言えないであろう。

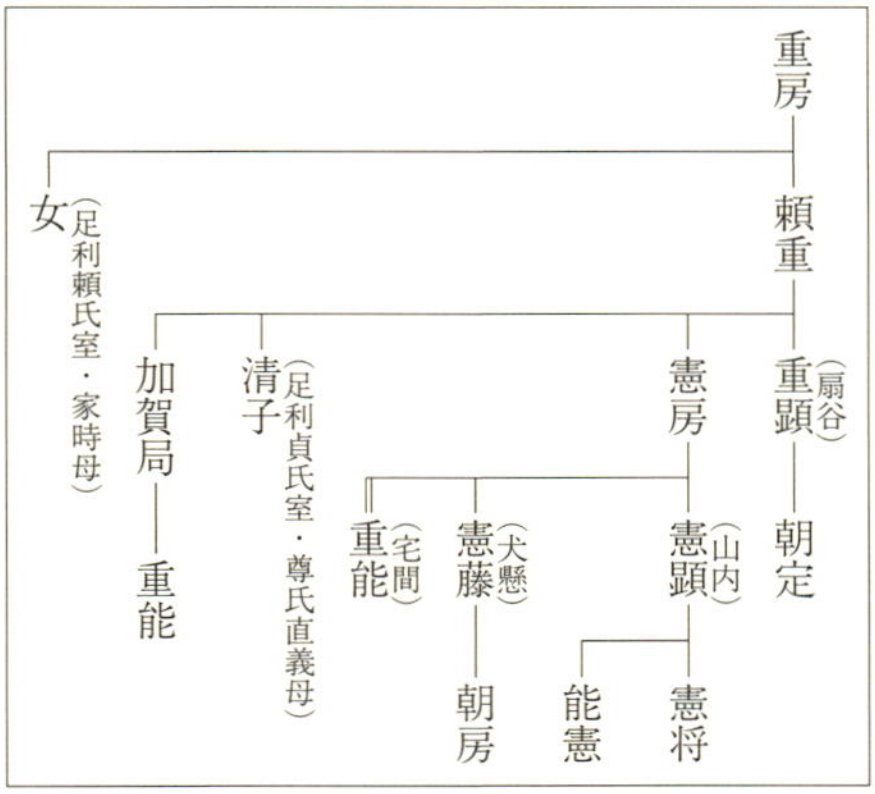

上杉氏略系図

足利氏が幕府に漠然とした不満を抱いてはいたのは確かであろう。だが、それは一般論として古今東西の政権に対して多少なりとも寄せられる、ごくありふれた程度のものであった。そのため幕府の軍事動員にも従ったのであるが、大塔宮護良親王や楠木正成らの奮戦によって情勢が急変したので、それを的確に見極めて最大限の利益を得るように立ち回ったというのが高氏の変節の実態であろう。

ただし清水克行氏が指摘するように、高氏・直義兄弟の母親が上杉氏であったことは彼らの判断に大きな影響を及ぼした可能性が高い。上杉氏は元来勧修寺流藤原氏で、京都の中級貴族であった。六代将軍宗尊親王が鎌倉に下向したとき、祖重房が供奉し、やがて足利氏に臣従した。重房の娘が足利頼氏に嫁いで家時を生んだことは前述した。足利氏に臣従した後も、室町幕府発足後に至るまで、四条家の家司や女院の蔵人を務める人物を輩出した。つまり京都の情勢に詳しく、しかも朝廷に強いシンパシーを抱く一族が、主君に倒幕を強く働きかけたことは十分に想定できるのである。

事実、最初に高氏に倒幕を進言したのは、母上杉清子の兄憲房《のりふさ》であった。また高氏に密かに後醍醐天皇綸旨《りんじ》を届け、再三挙兵を説得したのも細川和氏《かずうじ》と上杉重能《しげよし》だったという。まとめると、元弘の戦乱における足利兄弟の動向はかなり現実的な情勢判断に基づいており、京都の朝廷と関係が深かった母方の上杉一族に強く影響されていたのである。

高氏・直義兄弟の人格形成

高氏・直義兄弟は妾腹の出身であり、本来は足利氏の家督を継承する資格はなかった。直義に至っては、ずっと無位無官のままにされていたほどである。何もなければ、彼らは鎌倉幕府の中級御家人としてごく平凡な人生を歩んでいたに違いない。

しかし嫡流の夭折という偶然により家督を継承し、これまた偶然勃発した元弘の戦乱に幸運にも勝利した。そして後述するように後醍醐天皇から莫大な恩賞を拝領し、それまでは考えられなかった高官にも任命され、しかも権力の中枢に位置する破格の厚遇を得るに至った。

このような経験をした場合、人間は二種類に分かれるものらしい。すなわち望外の幸運に満足して消極的になって冒険をしなくなる者と、いっそう野心を増幅させて大出世に邁進する者である。高氏は、前者の典型例である。高氏の行動は複雑怪奇で理解不能と評されるが、右の視点で見るとうまく説明できる場合が多いのである。

しかし直義は兄とは対照的に、後者の道へと進んだ模様である。直義は建武政権下の厚遇に飽き足らず、幕府を再興し、足利氏をその頂点とすることを夢見た。そして現状に満足して消極的な高氏を強引に引っ張って、室町幕府樹立を事実上主導するのである。

第二章　元弘と建武の戦い

1　建武政権下の足利直義

元弘の戦乱

元弘三年（一三三三）三月、鎌倉幕府は、高氏に伯耆国船上山《せんじょうさん》に籠城する後醍醐天皇を攻撃するように命じた。高氏の異心を疑った北条高時は、高氏に正室赤橋登子と嫡子千寿王（後の義詮）を鎌倉に留めることと、起請文の提出を強要した。困った高氏は、直義に相談した。直義は、「残った郎従が千寿王を隠すので心配することはありません」などと述べて高氏を励まし、挙兵を決意させる（以上、『太平記』巻第九）。

これが、『太平記』における直義初登場の場面である。優柔不断な兄を励まして、強引に引っ張る構図がすでに明瞭に現れている。この後、同月二七日に足利軍は鎌倉を出発し、四月一六日に京都に到着。二七日に丹波国篠村《しのむら》八幡宮に入った。五月七日、かねてからの計画どおり、高氏は幕府を裏切って京都に反転し、六波羅探題を攻め滅ぼした。これが決定打となって鎌倉幕府が滅亡し、後醍醐天皇による公武統一政権である建武政権が発足したことは、数多の史書でも詳しく紹介されているところである。

この元弘の戦乱において、当初に兄高氏を励ましたこと以外には、直義の具体的な行動は見えてこない。全国の武士に出陣を命じる軍勢催促状を発給したのも、参上した諸国の武士が提出した着到状に証判を加えたのも、すべて高氏である。この段階における直義は、まだ兄高氏の陰に隠れる存在に過ぎなかったと言えよう。

莫大な恩賞

六月五日に帰京した後醍醐天皇は、ただちに高氏に昇殿を許し、鎮守府将軍に任命した。一二日は従四位下に叙し、左兵衛督に任命している。八月五日には従三位にして、武蔵守も兼任させている。ちなみに、この日は高氏が天皇の実名「尊治」から「尊」の字を賜って「尊氏」と改名した日でもある。翌年正月五日には正三位に昇進、九月一四日に参議にも就任している。これらは、かつて北条得宗家も到達しなかった位階・官職であり、鎌倉殿（鎌倉幕府の将軍）に匹敵することが指摘されている。

直義の方は、元弘三年六月一二日に左馬頭に任官、一〇月一〇日正五位下、一一月八日相模守兼任、翌建武元年（一三三四）七月九日には従四位下に昇進している（『足利家官位記』）。その他、執事高師直が三河権守に任官するなど、一門や被官の官位も軒並み上昇したことは言うまでもない。

足利兄弟が優遇されたのは、官位の昇進だけではなかった。尊氏は、駿河・伊豆・武蔵・常陸・下総五カ国を知行国として拝領し、伊豆・武蔵の守護職も獲得した。また、足利氏が鎌倉時代に世襲していた三河・上総の守護職は当然維持したと考えられる。さらに、全国三〇カ所の地頭職を新恩所領として獲得した。

そして直義は、知行国として遠江と（『太平記』巻第一二）、全国一五カ所の地頭職を拝領した（足利尊氏・同直義所領目録、東京大学史料編纂所所蔵比志島文書）。

足利氏は、恩賞として高い官職と莫大な所領を拝領しただけではなく、建武政権の中枢や地方支配においても大きな影響力を発揮した。

まず中央では、元弘三年九月に不動産訴訟（所務沙汰）を迅速に処理するために、雑訴決断所《ざっそけつだんしょ》という機関が新設された。尊氏は、この決断所に母方の伯父にあたる上杉憲房と、執事高師直の兄で尊氏の義理の叔父でもある師泰《もろやす》を職員として送り込んだ。

決断所は建武元年八月頃に四番制から八番制へ拡充されたが、八番制決断所へは師直が師泰と交代する形で参加した。さらに師直は、後醍醐天皇が自ら出席する重要機関であった窪所にも所属し、武者所で警察活動にも携わった。

後醍醐天皇
（「天子摂関御影　天子巻」
宮内庁三の丸尚蔵館蔵）

次いで地方では、後醍醐から拝領した諸国や所領を統治するほか、奥州に尾張弾正左衛門尉を派遣し、陸奥将軍府の北畠顕家《あきいえ》と共同して支配にあたらせた。この武士は、足利一門の名門斯波氏の人物と推定されている。九州に対しては、尊氏は後醍醐より軍事指揮権を委任されていた形跡がある。

また遠江では足利一門の今川範国《のりくに》が守護を務め、越前でも新田一門の堀口貞義《ほりぐちさだよし》に代わって足利一門の斯波高経《たかつね》が守護となった。さらに駿河では足利一門の石塔義房《いしどうよしふさ》が国主尊氏の目代を務め、伊豆では上杉重能が国主尊氏の下で国司、義房が守護尊氏の下で守護代であった。

このように、足利勢力は後醍醐から高位高官や莫大な所領を拝領する恩恵に与かったばかりではなく、中央では執事高師直や伯父上杉憲房を中枢の統治機構に送り込み、地方支配も広範に展開した。まさに、建武政権に必要不可欠の存在だったのである。

鎌倉将軍府

しかし何よりも看過してはならないのは、鎌倉将軍府の存在であろう。鎌倉将軍府とは、後醍醐天皇皇子成良《なりよし》親王を首長とする建武政権の関東地方統治機関に、現代の歴史家が便宜上与えた名称である。成良が幼少であったため、直義が「執権」(『太平記』巻第一三)として彼を支え、事実上の将軍府のリーダーとなったのである。

直義が成良を奉じて鎌倉に入ったのは、元弘三年一二月二九日である(『相顕抄《しょうけんしょう》』)。将軍府の管轄地域は、関東一〇カ国(板東八カ国(相模・武蔵・上総・下総・安房・常陸・上野・下野)+伊豆・甲斐)であった。これに前述の駿河・遠江および鎌倉以来の足利分国三河も併せると、足利氏は関東地方と東海道を連結させて広大な版図を築き上げたことになる。

鎌倉将軍府は、政所・小侍所《こさむらいどころ》・関東廂番《かんとうひさしばん》・大御厩などの機関を備えていたが、これらはすべて前代鎌倉幕府の統治機構を踏襲したものである。さらに、これまた鎌倉以来の所務沙汰機関である庭中や引付《ひきつけ》も設置し、訴訟を行った（建武二年（一三三五）四月一九日付光信請取状案二通、神奈川県立金沢文庫保管称名寺文書）。また、後年の観応の擾乱で直義派として戦った長井広秀や二階堂行諲（時綱）が政所執事を務めたのも興味深い。

発給文書は、鎌倉寺院の諸職を御判御教書《ごはんみぎょうしょ》様式で補任・安堵したものが目立つ（建武元年一二月二六日付直義御判御教書、相模明王院所蔵法華堂文書など）。こうした文書は、「安堵御下文」と称された（内閣文庫所蔵『鎌倉証菩提寺年中行事』）。また成良親王の命を承けて下知状様式で発給した、三浦時継に武蔵国大谷郷・相模国河内郷地頭職を勲功賞として充行った文書も興味深い（同年四月一〇日付直義下知状、小田部庄左衛門氏所蔵宇都宮文書乾）。

足利氏寄りの同時代人による歴史書と推定されている『梅松論《ばいしょうろん》』は、「直義が相模太守として鎌倉にいらっしゃり、東国の輩はこれに帰服して京都に従わなかった。そのため、後醍醐天皇は公武一統の御本意が達成されないとお思いになり、公家を恨む武士たちはふたたび頼朝卿のように天下を掌握したいと野望を抱くようになった。したがって公家と武家が水火の陣となって、元弘三年も暮れていった」と述べている。

以上を根拠として、鎌倉将軍府が発足した段階から直義は幕府再興を目論んでおり、その統治も強力であったとするのが定説的見解である。近年、南北朝期政治史研究は従来の学説を次々と見直しているが、この説は依然不動である。
しかし幕府に準じた統治機構ならば、建武政権の東北地方統治機関で北畠顕家が率いた陸奥将軍府も、式評定衆・引付・侍所といった組織を備えていた。また顕家は、典型的な武家文書である袖判下文を大量に発給した。東北地方は北条得宗家の所領が広範に存在し、その強力な支配を受けていたので、顕家は得宗家の文書形式を踏襲して人心の収攬を図ったのである。

にもかかわらず、顕家が最後まで後醍醐に忠誠を尽くしたことは周知の事実である。前政権が長年支配した地域を統治するにあたって、それと類似の組織を設置することはある程度は必然の政策であり、再興の野望とは必ずしも直結しないのである。

また、権限に関しても過大評価できない。鎌倉将軍府は、制度上雑訴決断所の下部機構であった。その権限は、決断所の訴訟を補完する軽微な案件に限られていた。そして管内である関東一〇カ国には、後醍醐天皇綸旨や雑訴決断所牒が大量に発給されている。何より、原則として恩賞充行や所領安堵を行使することができなかった。前述の直義下知状は、その唯一の例外である。

これも陸奥将軍府と比較すると、顕家袖判下文による恩賞充行や所領安堵の残存例は膨大な数にのぼる。奥羽では逆に後醍醐綸旨は少ないので、顕家は後醍醐より充行・安堵の権限を分与されていたと見なせる。しかも顕家は国宣《こくせん》形式による下文施行状《しぎょうじょう》まで発給しており、後年の室町幕府による執事（管領）施行システムを先取りしていた観がある。要するに、陸奥将軍府は鎌倉将軍府よりもはるかに強大な権限を後醍醐から認められていたのである。

この段階における直義が建武政権に対する反逆の意志を明確に持っていたのか、筆者は疑問に思っている。また『梅松論』や定説が力説するほど、直義の関東統治が成功したのかも実は疑わしい。後述するように、中先代《なかせんだい》の乱における直義軍は連戦連敗を重ねて多くの有力武将を失った挙げ句、北条時行《ときゆき》軍にいとも簡単に鎌倉を占領されている。直義の支配が十分に浸透していなかった何よりの証拠ではないか。これも奥州武士の統合に一定の成功を収め、一時は足利軍を九州に没落させるほどの大戦果を挙げた北畠顕家とは対照的である。

ただし直義が東国の武士たちの新政に対する不満を聞いて、それを知っていた可能性は高いと思う。だが彼らが政権に対する怒りを真っ先にぶつけたのは、ほかならぬ新政を支えていた直義自身だったのである。

2 建武の戦乱

建武元年（一三三四）三月上旬、本間と渋谷の一族が北条氏の残党として鎌倉に攻め寄せた。このときは、渋川義季《しぶかわよしすえ》が大将として極楽寺の前でこれを撃退した（以上、『梅松論』）。

中先代の乱

だが翌建武二年（一三三五）七月（近年は六月説もある）、前代鎌倉幕府最後の得宗北条高時の遺児時行が、信濃国で建武政権に対する反乱を起こした。いわゆる中先代の乱である。時行軍は七月一八日

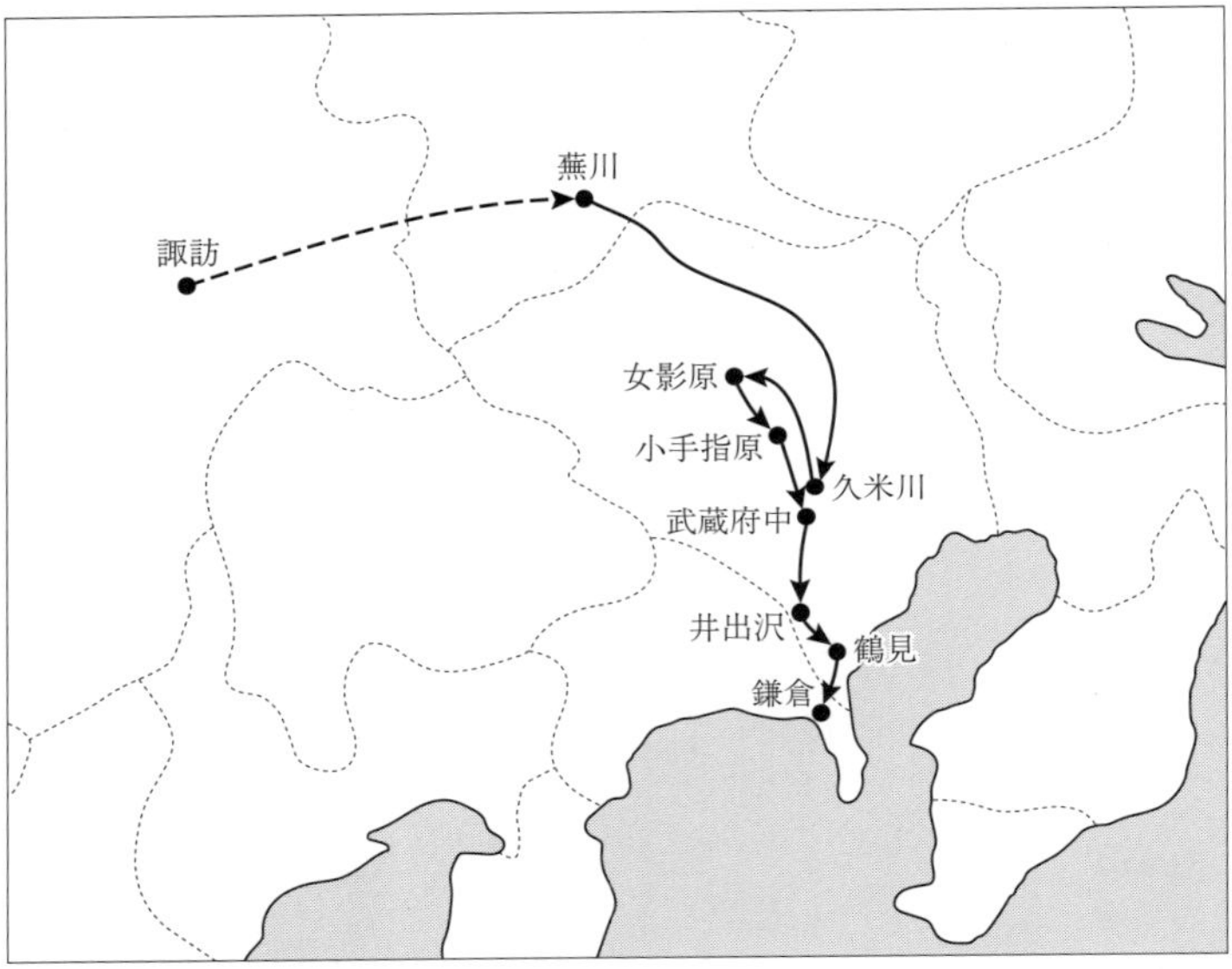

中先代の乱関係地図

頃に上野国に侵入し、まずは岩松経家《いわまつつねいえ》を同国蕪川で撃破した。その後、武蔵国久米川で渋川義季軍を破る。同月二二日には同国女影原で経家・義季とふたたび戦い、彼らを自害させる。続けて同国小手《こて》指原《さしがはら》で今川範満《のりみつ》を討ち取り、同国府中で小山秀朝を倒した。

相次ぐ敗戦に驚いた直義は遂に自ら出陣し、武蔵国井出沢で時行軍を迎撃するが敗北。成良親王を奉じて鎌倉を撤退し、東海道を西へ向かった。その後、時行軍は二四日に同国鶴見で佐竹貞義軍を撃破して鎌倉に入った（以上、『梅松論』など）。

とこうしてざっと書いただけでも、中先代の乱における直義にはまったくいいところがない。連戦連敗の大惨敗で、戦下手と評される所以でもある。この経緯を見るだけでも鎌倉将軍府の統治は過大評価できないし、直義の武家政権再興の野望なるものもこの時点では想定することに慎重にならざるを得ない。

中先代の乱のどさくさに紛れて、直義が護良親王を暗殺したことも著名な史実である。淵辺伊賀守という武士に命じて殺害させたという（『太平記』巻第一三）。

護良親王を暗殺

大塔宮護良親王は、後醍醐天皇の皇子である。元は僧侶で尊雲法親王と称し、天台座主（比叡山延暦寺のトップ）を務めていた。元弘元年（一三三一）、父帝後醍醐が鎌倉幕府倒幕を開始すると、彼もこれに呼応して挙兵。還俗して護良と改名し、畿内南部の山岳地帯でゲリラ活動を行った。また令旨を多数発給して、全国の武士に倒幕を呼びかけた。このように、彼は倒幕の第一の功労者だったのである。

護良親王　「伝大塔宮出陣図」（個人蔵）

しかし建武政権が発足すると、護良は尊氏に一方的に敵意を抱いて対立した。また幕府に近い政体を構想していたらしいため、父帝とも政治路線をめぐって衝突した。結局、建武元年（一三三四）一〇月に護良は失脚し、関東に護送されて鎌倉に幽閉されていたのである。

護良殺害について、護良を確保した北条時行が彼を反乱軍の盟主として奉じるのを防ぐためとする見解が近年出されている。しかし、筆者はこの意見には賛同できない。

仮に時行が護良の身柄を確保しても、彼を担ぐ可能性は低かったと思う。時行にとって護良とは、父高時を滅ぼした仇敵である。喜んで真っ先に殺害したのではないか。むしろこの状況では、そうした方が反乱軍の戦意は高まったであろう。また仮に時行に護良推戴の意志があったとしても、護良は時行の申し出を断って自害した気がする。

可能性があるとすれば、時行軍が劣勢であったケースである。実際、時行は足利軍に敗北した後に南朝方に転じ、直義死後に尊氏に逮捕・処刑されるまで室町幕府と戦い続けた。しかしこの段階の時行は、連戦連勝で鎌倉を占領したところである。無理して旧敵を担ぐ必要などなかった。

そもそも時行は、このとき持明院統の皇族との連携を志向していた。時行と結託し、彼の挙兵に先駆けて京都で謀反を企て処刑された権大納言西園寺《さいおんじ》公宗《きんむね》は、持明院統の上皇を奉じようとしていた。その点でも、直義が護良と時行の連携を防ぐために護良を殺害したとする見解には従えない。

結局、直義が護良を殺害したのは、単に足手まといだったからに過ぎないと考える。否、そもそも時行軍がせまる緊急事態で、直義が護良について深謀遠慮をめぐらしたのかさえも疑わしい。将棋や囲碁に喩えれば、秒読みに追われてはずみで着手した（＝殺害を命じた）というのが実態に近かったのかもしれない。

ただし後に建武政権が足利追討の軍勢を派遣した際、護良暗殺がその名目とされたのは確かである

（『太平記』巻第一四）。しかしこれは後付けの副次的な理由であり、後述するとおり最大の理由は、尊氏が後醍醐の帰京命令を無視して、無断で恩賞充行を行使したことであると考えるべきである。

三河国矢作宿に留まり、成良親王を京都へ送還

鎌倉から没落した直義は、駿河国手越河原で時行軍の追撃を受ける。しかし同国の工藤入江春倫という武士が、後醍醐天皇から北条得宗領だった同国入江荘を恩賞として拝領したことに感謝していたため、直義に味方して時行軍を撃退した（『太平記』巻第一三など）。建武政権の恩賞充行政策は批判されることが多いが、筆者が常々主張するように一定の有効性を発揮したことがこの逸話からも窺える。

直義は三河国矢作宿まで逃れ、ここに留まって成良親王を京都に返した。これを明記する史料は実は存在しないようであるが、『神皇正統記《じんのうしょうとうき》』や『元弘日記裏書』建武二年七月条などの記述を総合し、状況的にそう解釈されている模様である。

佐藤進一氏は、これを直義が独立政権を樹立する意向の表明とする。しかし、筆者はこの見解にも同意できない。

三河国が、鎌倉以来の足利氏の守護分国であることはすでに述べた。矢作宿は、守護所が置かれていた都市である。直義がここに留まったのは、自らの勢力圏内で時行軍の追撃を食い止める自信があったただけのことであろう。

成良を京都に帰還させたのも、単に彼の安全を保障したに過ぎない。戦場にいれば、それだけ戦死の可能性が高まる。この段階の足利軍には、東国で猛威を振るう時行に絶対勝利できる確信など存在しなかった。

そもそも成良を人質にしたり殺害したりしなかった時点で、直義の叛意は見いだせないのである。あるいは、それこそかつての鎌倉幕府の皇族将軍のように、新しい武家政権の首長として奉じることも少なくとも理論上は可能であった。護良―時行の関係と異なって、成良は尊氏が養育したと言われるほど足利氏に近い皇子だったので、これに応じた可能性は高い。直義に謀反の意図があったとすれば、これらすべての有利な選択肢を自ら放棄した極めつけの愚将ということになってしまう。

尊氏の救援

尊氏が、弟直義を救援するために京都を出発したのは八月二日である（『梅松論』）。出陣に先立ち、尊氏は後醍醐に征夷大将軍と諸国惣追捕使へ任命されることを希望した。しかし後醍醐はこれを退け、代わりに征東将軍の称号を与えた。

これも足利氏による武家政権樹立の意向表明とされているが、単に時行討伐を有利にするための権威づけを求めただけであろう。征夷大将軍なら、護良も鎌倉幕府滅亡直後に任命されたし、このときも尊氏の代わりに成良に与えられた。征夷大将軍の獲得は、ただちには幕府樹立や建武政権への謀反には直結しないのである。

ともかく尊氏は東海道を東へ下り、三河で直義と合流した。今度は足利軍の連戦連勝で、同月一九日には鎌倉を奪回した。

帰京命令を無視し、独自に恩賞充行を行う尊氏

中先代の乱が無事鎮圧された報告を受けた後醍醐は非常に喜んだ。八月三〇日、反乱鎮圧の恩賞として、尊氏は従二位に叙された。

さらに廷臣中院具光が勅使として鎌倉に赴き、尊氏に京都に帰還するように命じた。尊氏はこれに応じようとしたが、直義がこれを強く止めたという（『梅松論』）。

筆者の考えでは、直義が建武政権への叛意を明確に抱いたのはこの時点である。後醍醐の帰京命令を無視することが意味するものやいかなる未来を招くのかは、聡明な直義には容易に理解できたことであろう。そして実際、歴史はそのような展開を遂げた。

しかし尊氏の主観では、この段階においても後醍醐への叛意は皆無であったと筆者は考えている。圧勝したとは言え、北条時行を逃がしてしまった。また、時行の残党も潜伏して不穏な情勢であった。実際一〇月になっても、高師泰代官が相模国三浦・長沢・馬入へ残党討伐のために赴いている。これらは、現在の神奈川県横須賀市・平塚市にある。このような鎌倉から至近距離にある地域にさえも、依然時行の残党が潜んでいたのである。そして反乱の震源地となった信濃国でも、守護軍と北条軍の戦闘が継続していた。

このような状況で安易に京都へ帰っては、鎌倉陥落の悪夢が再来する可能性が十分にある。まずは鎌倉に腰を落ち着けて、関東地方を十分に鎮めよう。帰京命令の無視も天皇への忠誠心に基づいているのだから、後醍醐もきっと追認してくれるに違いない。尊氏は、このように考えて自己を正当化したのではないだろうか。

尊氏は中先代の乱で軍忠を挙げた武士たちに大量の袖判下文を発給して、恩賞充行を行使し始めた。もちろん、これは後醍醐天皇に無断で始めた行為である。次いで鎌倉若宮小路の旧鎌倉幕府将軍邸宅跡に屋敷を新築し、一〇月一五日にここに移った。また高師泰を侍所頭人に任命し、尊氏の護衛や鎌倉の警備を担当させた。尊氏の本心はともかくとしても、外観的には鎌倉幕府の公然たる復活である。

優柔不断な尊氏と積極的な直義

しかしながら、そんな尊氏の甘い思惑など無関係に、京都の朝廷は尊氏の行為に当然激怒した。尊氏は弁明の奏状を京都に提出したが、却下された。遂に一一月一九日、尊氏・直義兄弟を朝敵として討伐する宣旨が下され、新田義貞が官軍の大将として出陣した（以上、『太平記』巻第一四）。同月二六日には、尊氏の全官職が解任された。当然、直義も同様の処分を受けたであろう。

官軍の出動を知った直義や仁木《にっき》・細川・高・上杉の人々は、尊氏の御前へ参上して出馬を促した。しかし尊氏はこれを拒否し、後醍醐に恭順の意を示すために出家しようとして、鎌倉の浄光明寺に細川頼春《よりはる》とわずかな近習を連れて引きこもってしまった。このとき尊氏は、直義に政務を譲った（以上、『梅松論』および『太平記』巻第一四。『太平記』は建長寺とする）。

このときの尊氏の行動は、古来より多くの論者によって不可解かつ謎とされてきた。遂には、尊氏は躁鬱病を患っていたとする説まで登場したほどである。

しかし筆者から見れば、尊氏の行動は不可解でも謎でもない。尊氏は、本当に心底から後醍醐と戦う気がなかったのである。今まで見てきたとおり、妾腹の出身である尊氏は、本来ならば足利氏の当主にすらなれなかった人物である。それが後醍醐天皇から莫大な恩賞を与えられ、北条得宗家に匹敵あるいはそれ以上の強大な権力を与えられた。天皇に対する恩義の気持ちはきわめて強かったであろう。その現状に満足して、天下獲りの野望など持っていなかったのである。

尊氏は、そのような自らの本音に忠実に行動しただけである。現代人の感覚からすれば、尊氏の発想の方がむしろ現実的・常識的ではないだろうか。これを謎とするのは、室町幕府樹立から遡及させた結果論的解釈に過ぎないのである。

しかし、直義は違った。直義は、すでに一一月二日から新田義貞の誅伐を命じる軍勢催促状を発給し始めている（筑後田代文書など）。一一月段階では、尊氏は軍勢催促を行っていない。

次いで同月一〇日には、畠山貞康に信濃国市村八郎左衛門入道跡を勲功賞として給付した（直義下文、相模帰源院文書）。同日、富士浅間宮に遠江国富士不入斗も寄進している。この所領は、安間弥六等から没収したものである（以上、直義寄進状、静岡県立美術館所蔵大宮司富士家文書）。すなわち、尊氏に代わって直義が恩賞充行権を行使しているのである。

またこの日に直義は、山城国報恩院に祈禱命令を下している（山城報恩院文書）。時期的に見て、これは当然戦勝祈願であろう。

これらの文書残存状況と、前述の浄光明寺に引きこもる際に尊氏が直義に政務を譲ったとする『梅松論』の記述も踏まえ、桃崎有一郎氏は直義を「名実ともに足利勢の棟梁となった」と評価しているが、妥当であろう。

ただし尊氏は、高師泰を大将とする軍勢を先鋒として三河国に派遣している。だが師泰はあらかじめ尊氏から、「直義の援軍が到着するまでは矢作川を越えてはならない」と言い含められていたという。尊氏の戦略は、あくまでも専守防衛であった。

しかし師泰は尊氏の命令を無視して、一一月二五日に川を渡って新田義貞軍に襲いかかった。直義だけではなく高一族以下の家臣たちも、尊氏の思惑を越えて主戦論に傾き、幕府再興を志向していたのである。これが矢作川の戦いであるが、このときは義貞軍の反撃に遭って大敗を喫している。

足利軍は遠江国鷺坂《さぎさか》次いで駿河国今見村に撤退したが、義貞軍の追撃を受けて敗北した。駿河国手越河原まで退き、ここでようやく直義軍が合流して一二月五日に義貞軍と激しく戦ったが、またしても敗北。遂に箱根まで後退した（以上、『梅松論』）。

ようやく出陣する尊氏

直義の危機を知り、尊氏はようやく重い腰を上げ、一二月八日に鎌倉を出陣した。そして一一日、竹ノ下方面から脇屋義助《わきやよしすけ》（新田義貞弟）の軍勢に襲いかかり、撃破した。これが有名な箱根・竹ノ下の戦いである（以上、『梅松論』など）。

『太平記』巻第一四には、鎌倉に帰還した直義が側近の上杉重能と謀って後醍醐天皇の綸旨を偽作し、尊氏を騙して出馬させた話が記されている。これも古来より著名な逸話であるが、真偽のほどは定かではない。しかし足利氏の内部で、直義や彼を支持する勢力が建武政権との戦いを主導した状況を反映していることは確かである。

ともかく尊氏の出陣により勢いを得た足利軍は、京都を目指して一気に東海道を西へ攻め上っていった。また日本各地でも、足利方の武将が挙兵した。

なお、一時途絶えていた尊氏袖判下文による恩賞充行が一二月一一日より再開され、尊氏の軍勢催促状も直義より一カ月以上遅れて同月一三日に初登場した。政務を直義に譲った尊氏であるが、ここに至って足利家当主に復帰して再度権限を行使するようになったのである。

第一次京都争奪戦

翌建武三年（一三三六）正月、足利軍は山城国に入り、遂に京都を包囲した。淀方面に畠山高国、芋洗へは吉見頼隆が向かい、尊氏は宇治から京都を狙った（ただし『太平記』巻第一四では、尊氏は大渡を攻めたことになっており、こちらが正しいらしい）。そして直義は近江国瀬田方面の攻撃を担当し、高師泰が副将を務めた。ちなみに瀬田を守った官軍の大将は、千種忠顕《ちぐさただあき》・結城親光《ゆうきちかみつ》・名和長年《なわながとし》（以上、『梅松論』）。楠木正成を除いた三木一草の面々である。

戦いは激烈を極めたが、四国方面から足利一門の細川定禅《じょうぜん》、播磨方面から赤松《あかまつ》氏の援軍が到来し、同月一〇日の昼頃山崎を突破し、久我・鳥羽に侵入した。同日の夜、後醍醐天皇は比叡山延暦寺に避難し、翌一一日に足利軍は入京した。

足利軍と建武政権軍の激戦は以降も続いたが、奥州から陸奥国司北畠顕家の援軍が到着したことにより、官軍が優勢となった。

二七日の京都市街戦では、上杉憲房が戦死した。彼は、尊氏・直義兄弟の母方の伯父である。かつて元弘の戦乱において、最初に尊氏（当時は高氏）に倒幕を進言した。建武政権下では、高師泰・師直兄弟とともに雑訴決断所に所属した。中先代の乱の後、新田義貞を大将とする尊氏討伐軍が京都から出陣すると、義貞に代わって上野守護に任命された。このような重要人物が、このとき戦死したのである。尊氏・直義兄弟の悲しみは非常に深かったであろう。

関係地図

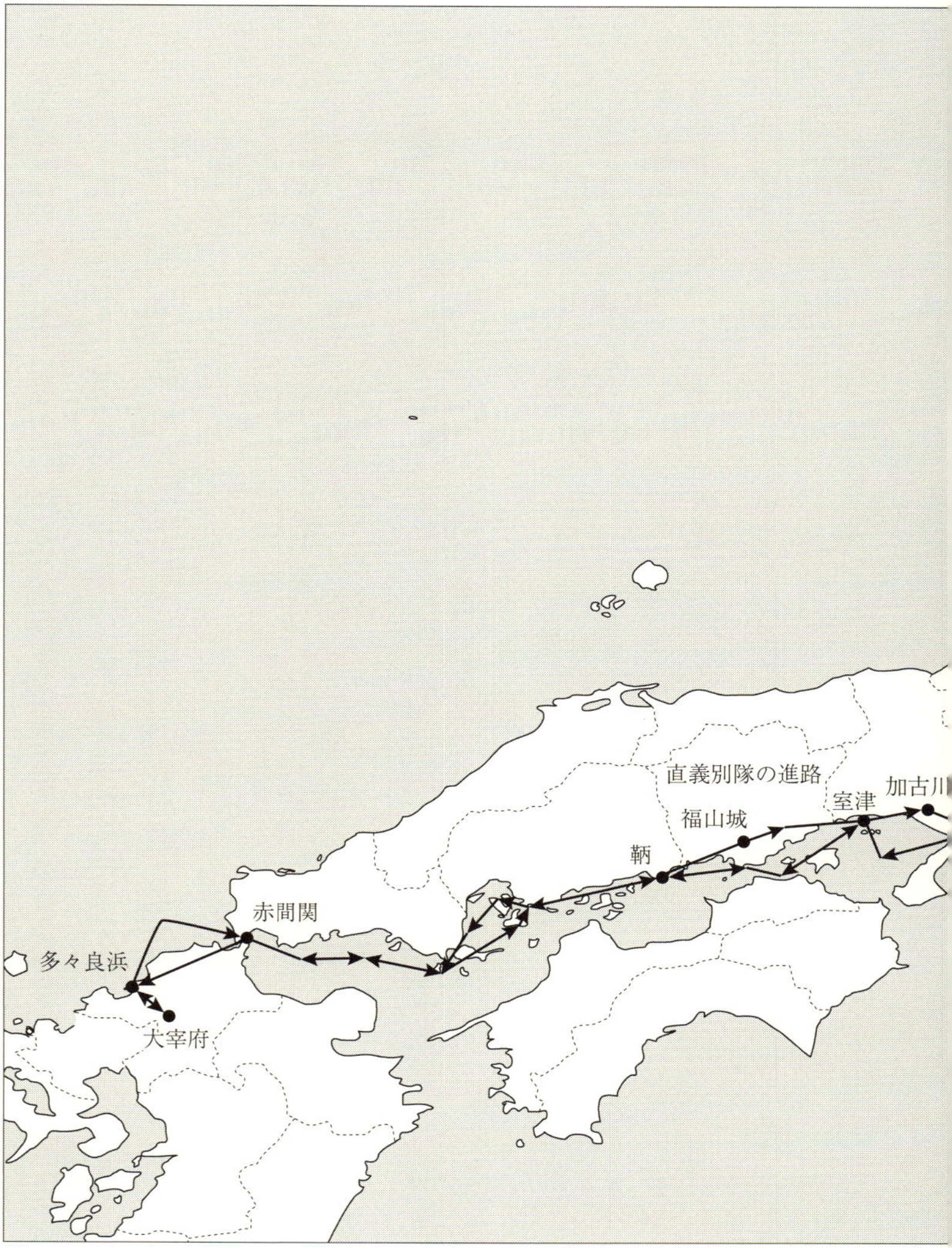

建武の戦乱

この日の敗戦で、足利軍は山崎まで退いた。細川定禅・顕氏《あきうじ》ら四国勢の大活躍で同日中に京都を一時奪回するが、三〇日の京都多々洲河原の合戦に敗北し、この日の夕方、尊氏兄弟は丹波国篠村に撤退した（以上、『梅松論』）。

摂津国兵庫嶋で元弘没収地返付令を発布

二月三日、足利軍は摂津国兵庫嶋まで退いた。ここで尊氏が発布した法令として著名なのが、元弘没収地返付令である。鎌倉幕府滅亡後、後醍醐天皇によって所領を没収された武士に対して、足利軍に味方すればそれを返還することを約束する内容である。本法は、去就が定まらない武士を足利方に引きつけ、尊氏の勝利を決定づけたものとして古来より高く評価されている。

しかし筆者には、敗色が濃厚となったので苦し紛れに出したばらまき法令にしか見えない。また以下に見るように、摂津の戦いにおいても足利軍は敗北し、一時九州まで没落するので、その実効性も再検討の余地がある。そもそも後述するように、こうした所領返付命令はすでに少数ながらも直義が出していたので、その意味でも斬新な法令とは言えない。加えて、後に室町幕府の所務沙汰を混乱させる一因ともなった。

それはともかく足利軍は再度京都を奪回するため兵庫を出陣し、同月一〇日に西宮で楠木正成、翌一一日に瀬川の河原で新田義貞の軍勢と激戦を繰り広げた。しかし細川頼春が重傷を負うなど、足利軍の損害は甚大であった。

尊氏は赤松円心の進言に従い、いったん九州に逃れて再起を図ることにした。しかし直義は摩耶山《まやさん》城に陣を構え、あくまでも京都に進撃する戦略を維持しようとした。尊氏は直義を何度も説得して兵庫に戻し、一二日に船に乗り込んで西へ向かって出発した。翌日、足利軍は播磨国室津《むろつ》に到着した。このとき直義は、航海の無事を祈って仏舎利と剣を海底に沈めた（以上、『梅松論』）。

備後国鞆を経て、九州へ上陸

その後、一行が海路で備後国鞆《とも》に到着したとき、持明院統光厳《こうごん》上皇の勅使として三宝院賢俊が到着し、上皇の院宣《いんぜん》を尊氏に届けた。こうして足利氏も皇室の権威を戴くこととなり、立場的には後醍醐の官軍に並んだのである。

この院宣獲得も、尊氏の高度な政治戦略と評価されることが多い。しかし元弘没収地返付令と同様、西国に敗走している段階でようやく院宣を獲得したことは、筆者には後手後手の対応に見える。『梅松論』によれば、西国転進と同様、これも赤松円心が尊氏に献策したことであった。

しかし持明院統との連携ならば、すでに北条氏の残党でさえ行っていたことである。他人に指摘されるまでもなく、当時の有力武将ならば誰でもすぐに思いつきそうな政略ではないか。綸旨偽作の一件などもそうであるが、尊氏の行動は基本的に常に誰かの意見に従っている。本心では後醍醐との戦いに消極的であることが、こういうところからも窺えるのである。ただし『太平記』巻第一五では、丹波国から摂津国へ向かうときに、尊氏が薬師丸（後の熊野山別当道有）に院宣獲得を命じたことになっている。

鞆からも船に乗って、二月二〇日に足利軍は長門国赤間関《あかまがせき》に到着した。二五日、北九州の雄族少弐《しょうに》頼尚《よりひさ》が五〇〇騎あまりで迎えに参上し、尊氏・直義へ錦の直垂《ひたたれ》を献上した。そして二九日、筑前国芦屋津に到着した。いよいよ九州上陸である。

ところがこの日、筑後国に侵攻した後醍醐方の肥後国人菊池武敏を少弐頼尚の父貞経《さだつね》が迎え撃ったが、敗北して有智山（内山）城で自害した。室町幕府が樹立されてから、貞経戦死の恩賞として、頼尚は数カ所の所領を賜り、尊氏からは錦の直垂と盃、直義からは黄河腹毛の馬を拝領したという。

三月一日、頼尚を先陣として足利軍は宗像《むなかた》大宮司の邸宅に到着した。大宮司は、尊氏・直義兄弟に鎧と馬を献上した（以上、『梅松論』）。

筑前国多々良浜の戦い

こうして建武三年三月二日、足利軍は菊池武敏軍と多々良《たたら》川を挟んで大激戦を繰り広げた。これが著名な多々良浜の戦いである。以下、『梅松論』と『太平記』巻第一六の記述に依拠して、合戦前後の模様を再現してみよう。

直義は少弐貞経が献上した赤地の錦の直垂に紫皮威の鎧を着用し、篠作の太刀に弓矢を装備していた。そして、宗像大宮司が進上した栗毛の馬に乗っていた。ちなみに仁木義長《よしなが》は黄威の鎧を着ていたが、これは大宮司が直義に献上したものを賜ったという。

数万騎もの菊池軍に対して、足利軍はわずか数百騎に過ぎなかった。敵の大軍にひるんで切腹しようと言い出した尊氏を直義は厳しく諫めて励まし、先頭に立って出撃した（『太平記』巻第一六）。『梅松論』では、直義が先陣を務めたのは尊氏が立てた作戦であるとする。いずれが正しいかは不明であるが、今までの経緯を踏まえると『太平記』に軍配が挙がりそうである。

直義軍が香椎宮《かしいぐう》の前を通過したとき、カラスがくわえていた一枝の杉の葉を直義の兜の上に落とした。直義は馬から下りて、香椎宮が我が軍を擁護する瑞相だとして、この枝を鎧の左袖に差した。

いよいよ敵軍に近づいたとき、大高重成《だいこうしげなり》が菊池軍のあまりの大軍ぶりに驚き、引き返した。直義はこれを見て、「敵を見て引き返すのは臆病の至りだ。大高の五尺六寸の太刀のうち、五尺を切って捨てて、剃刀にしてしまえ」と嘲笑した。

大高重成は、高師直一族の武将である。怪力の持ち主として知られ、そのため五尺六寸もある太刀を使っていたのであるが、菊池軍はそんな彼でも怖れるほどの大軍だった。

そして開戦。予想どおり、戦いは激烈を極めた。曽我師資《そがもろすけ》が討ち取った敵の首を直義に見せて感激させるなど足利軍は奮戦し、敵陣の奥深くまで攻め込み、筥崎《はこざき》の松原を過ぎて、博多の奥の浜まで侵攻した。

しかし、足利軍よりはるかに多くの兵力を誇る菊池軍の反撃もすさまじかった。直義は少しも驚かず、使者を後陣の尊氏に遣わし、「直義はここで防

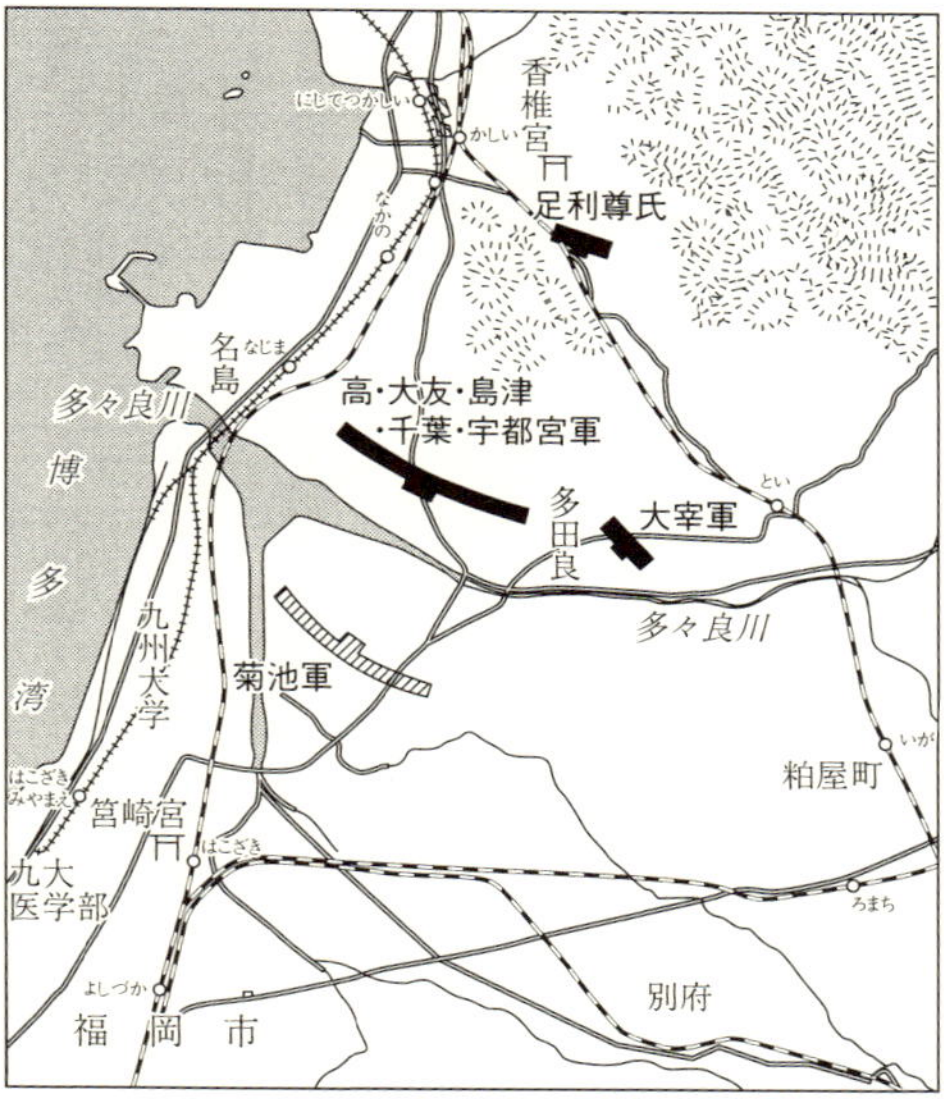

多々良浜の戦い関係地図
（川添昭二『菊池武光』より）

戦して討ち死にします。この隙に長門・周防に進撃して、天下獲りの御本意を達成してください」と述べて自身の直垂の右袖を進上した。これを見た人々は皆涙を流し、勇士たちはいよいよ覚悟を決めた。

やがて、尊氏の本軍が進軍を開始した。少弐頼尚がこれを直義に告げ、直義が太刀を抜いて馬を進めようとする間に、仁木義長や曽我師資以下の直義軍も突撃を始めた。少弐氏の家人である饗場弾正左衛門尉父子が多々良川を渡って敵陣で奮戦するのを見て、彼らを討たせないように味方も次々と続いて勝敗が決した。饗場父子は数カ所負傷したが命に別状はなく、足利軍が上洛した後、直義からこの戦いの褒賞として刀を拝領したという。

以上が多々良浜の戦いの概要である。数十倍もの敵軍に対して真っ向勝負を挑んで勝利したのは、まさに奇跡と呼ぶにふさわしい。足利氏寄りの歴史書とされる『梅松論』は、合戦前後の模様を詳細に記す。全文に占める割合も大きい。足利氏にとって、創業を成功させた重要な戦いと位置づけられていたことが窺える。実際にはそれほど兵力差はなかったのかもしれないが、少なくとも足利方が奇跡の勝利と考えたのは確かである。尊氏が地蔵信仰を深めるきっかけとなったことも指摘されている。

そして確実であるのは、先陣を務めた直義の奮戦が勝利に大きく貢献したことである。室町幕府樹立における直義の役割がいかに大きかったかを、この戦いからも跡づけることができるのである。

同日中に直義は、九州の首都である大宰府に進出した。そこで焼失した少弐貞経の館を見て、悲しんだ。翌三日、尊氏も太宰府に到着し、北方にある原山で直義と再会した。少弐頼尚のはからいで、前日の戦いで降参した武士たちに警備させたという。

ここで、二月三〇日に少弐貞経が戦死した模様が詳細に報告された。直義は、「貞経の供養を特別に執り行うべきだ」と述べて涙を流した。しかし頼尚は「主君のために命を捧げた武士は、昔から何人もいます。父貞経一人だけではありません。今は菊池武敏征伐を最優先するべきです」とこれを断り、その夜酒宴を開いて貞経への供養とした（以上、『梅松論』）。頼尚の足利氏に対する忠誠心も輝かしいが、直義の心優しさも窺えるエピソードである。

備中国福山城の戦い

その後、足利氏はしばらく九州で足場固めに専念した。ふたたび京都を目指して大宰府を出発したのは、建武三年四月三日のことである。尊氏・直義兄弟は博多を経て長門国府中（現在の山口県下関市）でしばらく逗留した。五月五日、備後国鞆に到着した（以上、『梅松論』）。

この日、一行は尾道の浄土寺に参詣し、三三首の和歌を御厨子に奉納した。そのとき、一万巻の観音経を読誦した（以上、暦応元年（一三三八）九月日付浄土寺住持心源申状、備後浄土寺文書）。これが現在、重要文化財に指定されている紙本墨書観世音法楽和歌である。直義の和歌が七首収録されている。

ここで少弐頼尚の進言に従い、足利軍は二手に分かれて、海陸両方から京都に進撃することとなった。海路は、尊氏と執事師直らが担当した。陸路は直義と師泰の受け持ちとなり、頼尚が先陣を務めた。同月一〇日、足利軍は進撃を開始した（以上、『梅松論』）。

五月一五日頃から、直義は後醍醐方の新田大江田氏経が籠城する備中国福山城の攻撃を開始した。

浄土寺（広島県尾道市東久保町）

この戦いは、『太平記』巻第一六に「備中福山合戦の事」と項目を立てられて、長文で詳しく紹介されている。

一八日までには城は陥落し、敵は皆没落した。この勢いで備前国にも侵入したので、同国三石城を包囲していた脇屋義助（新田義貞弟）も没落し、播磨国白旗城に籠城する赤松円心を攻撃していた新田義貞も撤退した。同日、直義は播磨国加古川、尊氏は同国室津まで進出した（以上、『太平記』巻一六および『梅松論』）。

摂津国湊川の戦い

建武三年五月二五日、世に名高い摂津国湊川の戦いが行われた。足利軍と後醍醐天皇に属する楠木正成・新田義貞連合軍との会戦である。ちなみに戦場は、これより一五二年前に行われた一の谷の戦いの現場とほぼ同じである。

戦いに先立ち、足利軍は軍勢を三手に分けた。陸路を西から侵攻する大手須磨口の将軍は直義で、副大将は高師泰、これに三浦・赤松ら播磨・美作・備前三カ国の軍勢が従った。山の手の大将軍は足利一門で高い家格を誇る斯波高経が務めた。これに安芸・周防・長門の軍勢が従う。そして浜の手は尊氏が大将となり、少弐頼尚一族と彼の分国筑前・豊前・肥前の山鹿・麻生や薩摩の軍勢が供奉した。

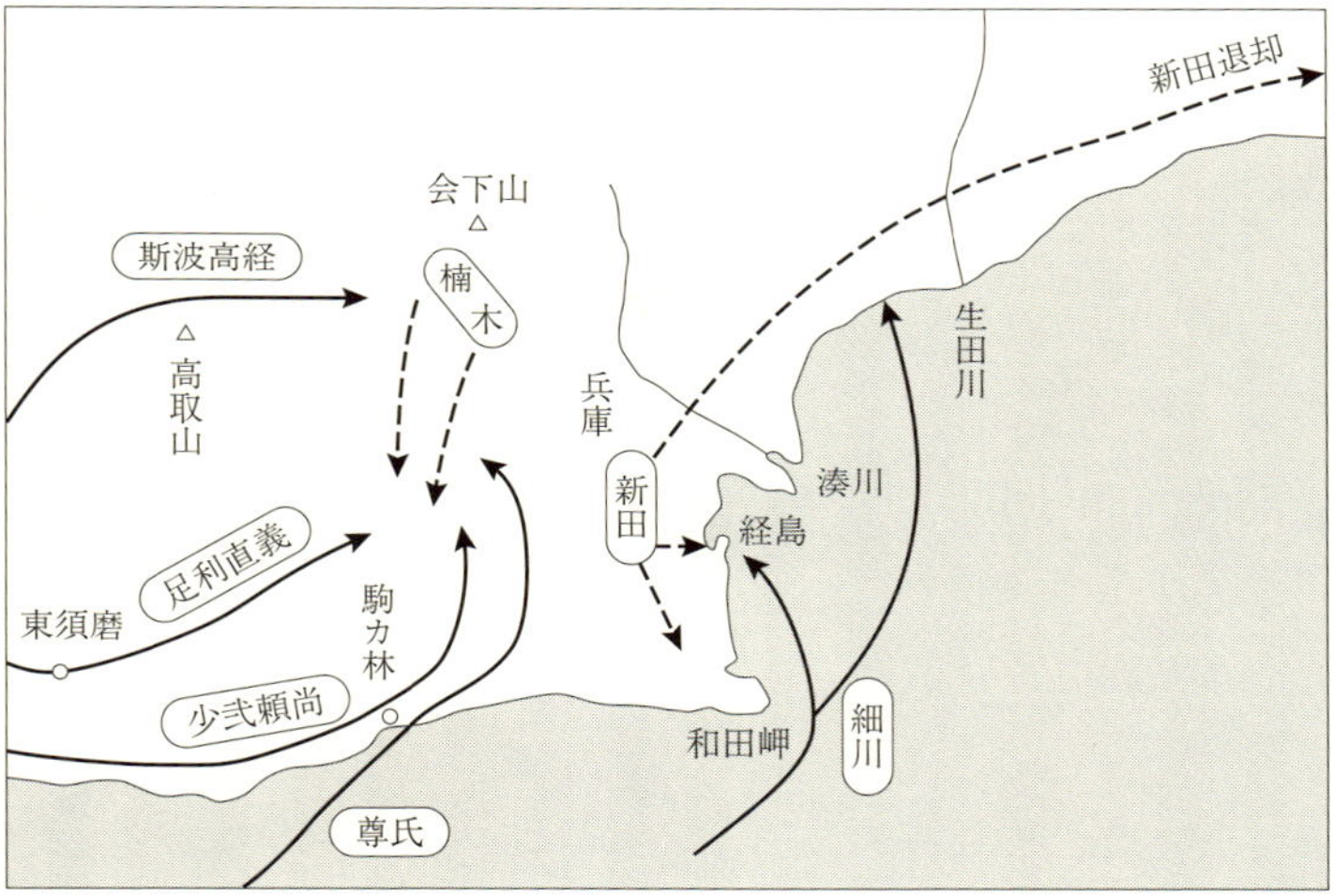

湊川の戦い関連地図（矢代和夫・加美宏校註『梅松論　源威集』より）

戦いの経過は、おおよそ以下のとおりである。まず卯の刻（午前五時頃）、細川氏の四国水軍が別働隊として、敵が布陣する湊川と兵庫嶋を左手に見ながら兵庫沖を東に進んだ。巳の刻（午前一〇時頃）、須磨口・山の手・浜の手の足利軍が一斉に官軍に攻撃を開始した。これを支えきれずに東に退却を始めた新田義貞軍に、生田の森付近から上陸した細川軍が襲いかかった。義貞は何とか京都に逃げ帰ったものの、新田軍は多大な損害を出した。

細川定禅は逃げる新田軍には目もくれず、なお湊川で奮戦する楠木軍に向かった。四方八方から大軍に包囲されてはさすがの楠木軍も力及ばず、申の刻（午後四時頃）、正成以下一族は自害した（以上、『梅松論』）。

第二次京都争奪戦

翌二六日、足利軍は兵庫を発ち、西宮まで進出した。二七日、後醍醐天皇は比叡山に逃れた。正月に続いて二度目の叡山行幸である。

五月二九日、遂に直義は入京した（『梅松論』）。だが、尊氏は石清水八幡宮に依然とどまっていた。尊氏が入京したのは半月後の六月一四日で、持明院統光厳上皇を伴っており、東寺に本陣を置いた。

すでに東海道の戦いにおいても結果的に類似の構図となっていたが、多々良浜の戦いあたりから「直義先陣／尊氏後陣」という役割分担が確立した模様である。戦陣の位置関係も、直義が尊氏を引っ張って武家政権樹立に邁進する様子が現れているのである。

赤山禅院（京都市左京区修学院開根坊町）

入京した直義は、現在の京都市左京区修学院にある赤山禅院《せきざんぜんいん》に本陣を設置した。ここから比叡山を包囲する足利軍を指揮したのである。しかし六月二〇日の合戦に敗北し、搦め手の大将として西坂本方面を担当していた高師久（師直弟）が捕らえられ、処刑されるなどの大損害を出した。

ここに足利軍の叡山包囲網は一時崩壊し、直義も赤山禅院を撤退して、下京の三条坊門に本陣を移した（以上、『梅松論』）。この陣は、北が三条坊門小路、西が高倉小路、南が姉小路、東が万里小路に囲まれた区画にあった。以降貞和五年（一三四九）末に至るまで、直義は基本的にここに住み、事実上の初期室町幕府政庁となった。

この後数カ月間にわたって、足利軍と後醍醐軍の一進一退の激しい攻防が果てしなく続いた。六月二七日夜には三条坊門の直義本陣が後醍醐軍に攻撃され、矢倉に放火されている（建武三年七月二三日付神代兼治軍忠状写、『萩藩閥閲録』巻一一三）。しかし、戦況は徐々に足利軍に有利となっていった。

3 建武争乱期における尊氏・直義の文書発給状況

ここで、室町幕府が発足する以前における尊氏・直義兄弟の文書発給状況を見てみよう。

この問題についても詳細な研究が進んでおり、すでに森茂暁氏による優れたまとめなどがあるので、本書もそれらを参照しながら紹介したい。まずは下文である。

下文

直義の強い制止によって後醍醐天皇の帰京命令を無視した尊氏は、建武二年（一三三五）九月頃から大量の恩賞充行袖判下文を発給し始めた。しかし、新田義貞を大将とする足利討伐軍が出陣すると、尊氏は政務を直義に投げ出し、代わりに直義が恩賞充行下文を発給した。義貞軍が箱根まで迫ってきた段階で、尊氏はようやく重い腰を挙げて挙兵し、ふたたび袖判下文の発給を再開する。

以上については前述した。その後の尊氏・直義それぞれが発給した下文の一例を、以下に列挙しよう。

建武三年（一三三六）正月一九日付足利尊氏袖判下文（三河法蔵寺文書）

（花押《足利尊氏》）

下　佐々木佐渡守定宗

可レ令二早領知一常陸国高田郷事

右以レ人、為二勲功之賞一、所二充行一也、守二先例一、可レ致二沙汰一之状如レ件、

建武三年正月十九日

建武二年（一三三五）一二月二六日付足利直義下文（長門毛利家文書）

下　長井弾正蔵人貞頼

可レ令二早領知一播磨国浦上庄地頭職事

右人、如レ元可レ令二領掌一之状如レ件、

建武二年十二月廿六日

源朝臣《足利直義》（花押）

最初に掲げたのが、尊氏下文の一例である。佐々木定宗に、常陸国高田郷を恩賞として給付する内容である。尊氏の花押は、文書の右端（袖）に据えられているので、古文書学の専門用語で「袖判」と呼ばれる。そのためこの下文は「袖判下文」と言われるのであるが、主君が臣下に命令を下達する尊大な様式である。

尊氏の下文は、恩賞充行を命じる内容も文書様式も文言も死去するまで基本的にすべてこれであり、変化はほとんどない。原則として自身の立場の変化に影響されないのが、尊氏文書あるいは尊氏その人の大きな特徴である。

そして次に引用したのが、当該期における直義下文である。長井貞頼に、播磨国浦上荘地頭職を安堵する内容である。この安堵は、何らかの理由で手放した所領を返還するタイプであったらしい。いわゆる「還補」である。

様式上の尊氏下文との大きな相違点は、左上に記された「源朝臣（花押）」の署判である。これを古文書学で「奥上署判」というのであるが、袖判に比べると厚礼であるとされる。この段階における直義下文は、兄であり足利氏当主である尊氏のそれと比較すると格式が下がるのである。前述の直義恩賞充行下文も、この様式である。ちなみに尊氏とは対照的に、直義下文の様式や直義花押の形状は、彼の立場の上昇とともに顕著に変化していくのであるが、それについてはまた追って紹介しよう。

建武二年一二月に尊氏が挙兵して以降、両者の下文は「尊氏―袖判・恩賞充行／直義―・奥上署判・還補」という文書様式と命令内容の区別が厳格になされたと結論づけることができる。この時期の直義下文は、前述の恩賞充行のものと併せて五通確認できる。

しかし建武三年二月、摂津国兵庫嶋で尊氏が元弘没収地返付令を出すと、直義下文は室町幕府が発足するまで一時消滅する。以降元弘没収地返付は、尊氏が裏書安堵や御判御教書で行った。つまり直義が行使していた還補安堵は、実態としては元弘没収地の返付だったので、二月以降は尊氏の権限に吸収されたのだと考える。

軍勢催促状

軍勢催促状については、建武政権との対決姿勢が強まった建武二年一一月に直義から先に発給を開始し、尊氏の発給は一カ月以上も遅れた。これもすでに述べたとおりである。

尊氏の軍勢催促状は、御判御教書と呼ばれる様式の文書で出された。署判の位置は年月日の下に花押のみを記す形式で、これを古文書学では「日下花押《にっかかおう》」という。

それでは、直義の軍勢催促状はいかなるものであったのか。実例を見てみよう。

建武二年一一月二日付足利直義軍勢催促状（筑後田代文書）

可レ被レ誅二-伐新田右衛門佐義貞一也、相二-催一族一、可二馳参一之状如レ件、

建武二年十一月二日　左馬頭（足利直義）（花押）

田代市若殿

筑後国の国人田代《たしろ》市若に出陣を命じた直義軍勢催促状である。本文書は、直義軍勢催促状の初見史料の一例である。尊氏の軍勢催促状と同様御判御教書様式であるが、日下の署判が「左馬頭（花押）」と官途も伏している点が尊氏のものとは異なる。花押のみの尊氏軍勢催促状よりも一段階格下であり、下文と同様に区別されている。

しかし、建武三年二月頃から尊氏同様日下花押の直義軍勢催促状が出現し（同年二月一六日付、周防阿曽沼文書など）、足利軍が二度目の入京を果たした同年六月以降はすべて日下花押となる。軍勢催促状に関しては、少なくとも文書様式の面では、二度目の入京を契機として直義は尊氏と同格に並んだのである。

もう一点注目できるのは、建武戦乱期の軍勢催促状の多くが新田義貞の討伐を命じる内容となっており、後醍醐天皇の名前が現れていないことである。

よく指摘されるように、足利氏は後醍醐を敵とするのではなく、あくまでも天皇のために佞臣義貞を討つという大義名分を掲げたことが読み取れる。一般論として、この手の大義名分は単なる戦争の口実に過ぎない。しかし直義はともかくとして、尊氏の場合は心底からそう考えていたのだと筆者は推定している。

なお寺社への祈禱要請は武士に対する軍勢催促と同質と見なすことができるが、これも尊氏・直義両者が御判御教書を出すことによって行った。

感状

基本的に、合戦前に動員を命じるのが軍勢催促状であるが、合戦後に従軍した武士が挙げた手柄に感謝する文書を「感状」という。言うまでもなく、感状も武家文書としてきわめて重要なものであった。

尊氏感状も当初は軍勢催促状と同様、日下花押の御判御教書様式であった。ただし宛所が存在せず、受給者の氏名が本文中に内包されている点が軍勢催促状とは異なる。それが、建武三年六月の入京から袖判形式に変化する。これは尊氏の地位の向上を示している。

一方直義の感状は日下花押の御判御教書形式で、宛所が明確に記されている点が尊氏感状とは異なっている（建武三年七月二〇日付、周防吉川家文書など）。下文・軍勢催促状と同様、感状においても尊氏・直義両者には格式の差違が見られるのである。

異なっているのは文書様式だけではない。大半の尊氏の感状が「可レ有二恩賞一」と恩賞充行を確約する文言を持つのに対し、直義のそれは「於二恩賞一者、追可レ有二沙汰一」という文言を持つ。恩賞充行については、後々尊氏の方で審議があるだろうという意味である。すなわち、直義は自身が恩賞充行権を持っていないことを明言しているのである。また、料紙の質も尊氏感状の方が勝っていることが指摘されている。

元弘没収地返付令適用による所領安堵など

建武三年二月発布の元弘没収地返付令による所領安堵は、すべて尊氏が行った。当初は本法の適用を申請する申状の裏に、袖判の御判御教書様式でその申請を承認する形式で行っていた。これを「裏書安堵」という。これも同年六月から袖判の御判御教書様式に変更された。

また山城国の非御家人に領家職の半分を地頭職として給付し、御家人身分を与える特殊な形式の恩賞充行が建武三年八月以降散見し、これも尊氏が御判御教書で行った。寺社に対する所領安堵も、もっぱら尊氏が御判御教書を発給した。

以上に述べたことを、表にまとめると次頁のようになる。こうして見ると、尊氏は直義よりも広範な権限を行使していることがよくわかる。当然、文書の残存数も尊氏の方が多い。文書様式も尊氏文書は直義文書よりも格上で尊大であるし、料紙の質も上回っていた。そのため、室町幕府創設が尊氏主導で進められたとする見解も存在する。

　しかしながら、それでも直義が主導して建武政権との戦争を行ったと筆者は考えるし、現在の学界でもこれが主流の見解であるようだ。直義による軍勢催促が、尊氏のそれよりも先行して行われてい

建武戦乱期における尊氏・直義発給文書

	尊氏	直義
下文	袖判 恩賞充行	奥上「源朝臣（花押）」 還補
軍勢催促状	日下花押	日下「左馬頭（花押）」→日下花押
感状	日下花押→袖判 宛所内包	日下花押 「於恩賞者、追可有沙汰」
元弘没収地返付令	裏書安堵→御判御教書	×
山城国非御家人の御家人化	御判御教書	×
寺社に対する所領安堵	御判御教書	×
寺社への祈禱命令	御判御教書	御判御教書

る事実はやはり重大である。尊氏が政務を放棄したため、一時的にとは言え直義が恩賞充行の下文を発給した事実も看過できない。『梅松論』や『太平記』に見える数々の逸話も、ことごとく直義の主導性を窺わせている。

尊氏は直義以下家来の強い要請により、嫌々仕方なく重い腰を上げて挙兵した。足利氏当主としての立場から広範な命令を発したものの、内心ではずっと不本意であった。文書発給も軍勢指揮も、基本的に直義等の意見に従って渋々行っていたと筆者は推定する。

ただし、尊氏・直義文書の格差が厳然と守られているのは興味深い。事実上の大将として戦争を主導しながらも、直義は尊氏を兄として主君として尊重し、敬意を払う姿勢を絶対に崩さなかったのである。尊氏を尊ぶ直義の姿勢は、室町幕府発足以後も一貫して継続される。それは直義の強みであったが、同時に致命的な弱点も内包していた。やがてそれが顕在化し、直義の敗北に帰結するわけであるが、それは後述しよう。

第三章　「天下執権人」足利直義

1　尊氏・直義の「二頭政治」

北朝の発足と清水寺の願文

建武三年（一三三六）八月一五日、持明院統の光厳上皇の院政が開始し、弟豊仁《とよひと》親王が即位して光明《こうみょう》天皇となった。後に北朝と呼ばれる朝廷の発足である。

比叡山に籠城する後醍醐天皇軍との戦闘は依然継続していたが、八月段階では足利軍の優位が誰の目にもほぼ明らかとなっていた。室町幕府の運営も実質的に開始されていた。

まさに天下獲りの野望が実現した時期であり、普通の権力者ならば得意満面で意気揚々の気分となるところである。実際、直義はそんな気持ちだったのではないだろうか。

ところが尊氏は、この二日後、清水寺に願文を奉納した。これが、「この世は夢のごとくに候」で始まる古来より有名な願文である。

この内容が、まだ征夷大将軍に正式には就任していないものの、事実上武家の棟梁となったばかりの人間（尊氏挙兵以後、武士が彼を「将軍家」と称した文書は多数存在するし、建武三年二月一三日の播磨国室津到着以後は彼自身も「将軍家」を自称している）が書いたものとは到底思えない。「私は早く世を捨てて隠居したい。今生の果報を直義に与えて、直義を安穏に守っていただきたい」と、まるで政争に敗北した失意の人間が言いそうなことである。

この願文も、尊氏の矛盾した性格を表すとされてきた。しかし今までの経緯を踏まえるならば、尊氏の言動は実に首尾一貫していることがよくわかるであろう。すなわち、尊氏は本当に将軍になりたくなかったのである。少なくとも、彼が心底から敬愛する後醍醐天皇の同意を得ない形での将軍就任は望んでいなかった。

にもかかわらず矛盾した人格に見えるのは、尽きるところ鎌倉以来代々の足利氏が天下獲りの野望を秘めており、尊氏自身も幼少の頃からそうした覇気に満ちあふれていたとする所伝があるからである。しかしそれが成立しがたいことは、すでに述べた。

そうしたいわゆる「足利神話」の出所は、大半が今川了俊が著した『難太平記』である。あるいは、尊氏・直義兄弟の外戚である上杉氏あたりが創作した形跡もある。「室町幕府初代将軍ともあろう者が、内心不本意で受動的に状況に流されたにもかかわらず、たまたま勝利した」ではいかにも格好がつかない。尊氏のカリスマや幕府の正統性を喧伝するためにも、こうした創作が必要不可欠とされたと思われる。

しかし、尊氏を美化したはずだった神話が近代に入って「逆賊」足利尊氏の根拠とされ、日本史上最大の悪人としてあらん限りの罵倒を浴び続け、戦後は精神疾患説まで登場したのは確かに皮肉と言える。

室町幕府の樹立と南朝の登場

一〇月一〇日、足利氏と後醍醐天皇の講和が成立した。このとき、直義が尊氏に「政権を返上します」という偽りの告文《こうもん》を提出させて後醍醐を欺いた逸話も存在する（『太平記』巻第一七・三〇）。到底事実とは考えられないが、綸旨偽作の件と言い、直義が平然と謀書を作成する人物として描かれていることは興味深い。

ともかく、後醍醐は比叡山を下りた。一一月二日、後醍醐が光明へ三種の神器を授ける儀式が行われた。

注目されるのは、光明天皇の皇太子に成良親王が選ばれたことである。かつて直義に奉じられて鎌倉将軍府のリーダーを務めた、後醍醐皇子の中では貴重な親足利の人物である。

大覚寺統・持明院統の皇族が相互に即位するという、鎌倉幕府の両統迭立《りょうとうてつりつ》政策を足利氏も継承したわけである。だがそれだけではなく、以前も論じたことがあるが、これで未来の皇位の半分は後醍醐の子孫が受け継ぐことが保証された。しかも成良が即位すれば、「後醍醐上皇」が治天の君として院政を敷くことも可能であった。干戈を交えた敵に対しては、温情すぎるほどの厚遇であろう。少なくとも後醍醐に対する限り、尊氏の言動はどこまでも首尾一貫していたのである。

とは言え、足利氏にとって後醍醐はやはり最大限警戒するべき人物である。後醍醐は、京都の花山院に幽閉された。この措置を行ったのも、後醍醐から神器を没収したのも直義であった（『太平記』巻第一七）。

同月七日、新しい武家政権の基本法典である『建武式目』が制定された。一応、この成立をもって室町幕府が正式に発足したとされている。

『建武式目』の制定は直義が主導したとするのが古来より定説であるが、実は確固たる史料的根拠があるわけではない。しかし、この説を否定する根拠も皆無である。前後の状況や尊氏の無気力ぶりを踏まえても、直義が実質的に制定したのは動かないであろう。

同月二五日、尊氏は権大納言に就任し、官位も従二位に戻された。建武政権に全官職を解かれて以来尊氏は無位無官であったが、一年ぶりに官職を得て昇進までしたのである。以降尊氏は、「鎌倉大納言」とも呼ばれた。当然直義も復職したに違いない。

こうして順調に始まったかに見えた新体制であるが、一二月二一日、幽閉されていた後醍醐天皇が脱走して大和国吉野へ逃れた。南朝の登場であり、ここにおよそ六〇年にわたる南北朝動乱が始まったのである。

敗者としてはありあまる厚遇を受けながら、後醍醐はなぜ脱走したのであろうか。やはり幕府の存在を認めず、天皇親政にこだわったのが最大の理由であろうが、後醍醐自身は「直義が行ったことが、私の意向と相違したため」と述べている（延元元年（北朝建武三）一二月二五日付宸筆勅書写、伊勢結城文書）。

ここに至っては、もはや尊氏の名さえまったく出ていない。謀反の真の首謀者が直義であったことを、敵である後醍醐自身も正確に認識していたのである。

所領安堵下文

いよいよ幕府が成立する頃、尊氏は直義に政務を譲ろうとした。直義は再三これを辞退したが、尊氏が強く要望したので受諾した。その後、政務に関して尊氏が直義に口を挟むことはまったくなかったという（以上、『梅松論』）。

こうして、事実上直義が主導する幕府政治が始まったわけであるが、それがいかなる体制であったか、これも森茂暁氏の整理を参考にしながら紹介したい。結論を先に言えば、尊氏は恩賞充行および守護職補任の権限のみを保持しただけで、残りの幕府機能はすべて直義が掌握したのである。

まずは下文から。建武三年二月に元弘没収地返付令が発布されてから、直義下文が消滅したことについてはすでに述べた。それが幕府発足を契機として復活するのである。新型の直義下文はいかなるものであったのか。実例を示そう。

暦応三年（一三四〇）一一月二一日付足利直義下文（薩摩島津家文書）

下　嶋津大隅左京進宗久（伊作）法師法名道恵

可ㇾ令㆓早領知㆒信濃国太田庄内神代郷・薩摩国伊作庄半分南方・同国日置庄地頭職事

右、任㆓亡父久長（伊作）法師法名道意文保元年十月廿二日譲状㆒、領掌不ㇾ可ㇾ有㆓相違㆒之状如ㇾ件、以下、

暦応三年十一月廿一日

源朝臣（足利直義）（花押）

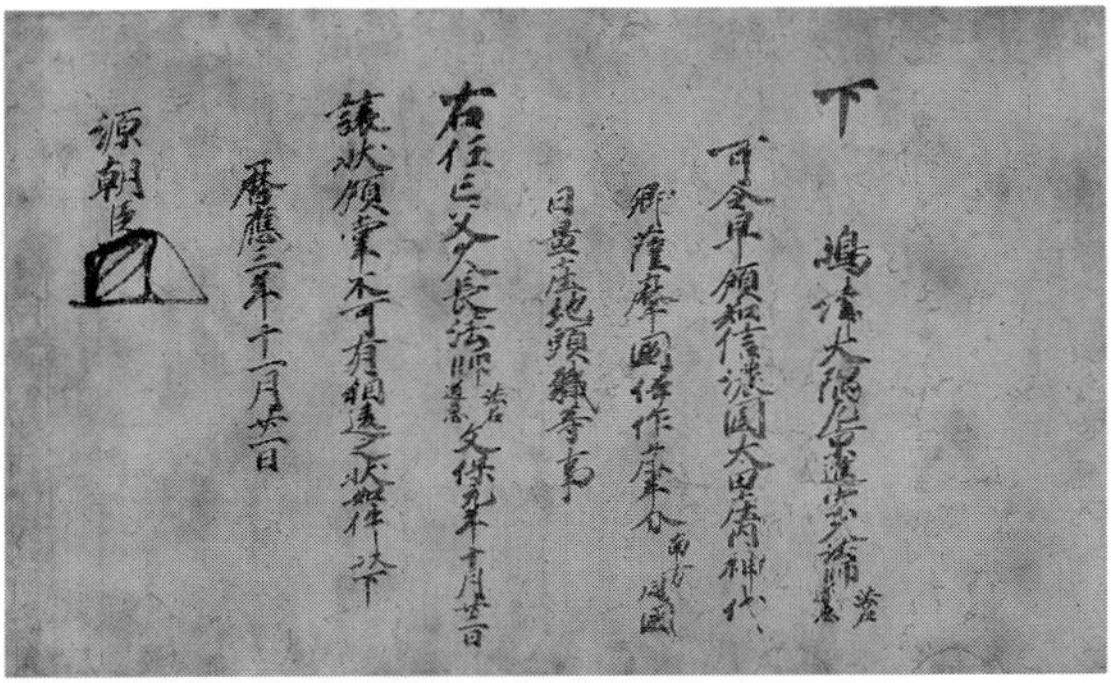

直義下文（暦応３年11月21日）
（島津家文書／東京大学史料編纂所蔵）

伊作宗久に、信濃国太田荘内神代郷・薩摩国伊作荘半分・同国日置荘地頭職を安堵した直義下文である。本文に、宗久の亡父久長が作成した文保元年（一三一七）一〇月二二日譲状の内容に従うことが明記されている。このように、譲状に基づいて行われる安堵を、「譲与安堵」という。

室町幕府発足後における直義の所領安堵は、「安堵方」と呼ばれる機関で行われた。まず申請者が、安堵方に安堵を申請する申状と譲状を提出する。次いで安堵方から所領が存在する国の守護宛に、申請者が現在その所領を実効支配（当知行）しているか、異議を唱える者がいないかを尋ねる奉書を発給する。そして当知行と異議申立人不存在の報告を守護から受けてから、直義下文を作成する。その後、評定に上程されて直義の花押が据えられて申請者に下される。おおよそ、このような手続で行われた。ちなみに評定は幕府の最高議決機関で、鎌倉幕府では執権が管轄したのが室町幕府においては直義の親裁機関となったのである。

いわゆる尊氏・直義の「二頭政治」期に発給された直義下文は、三三通残存している。その大半が、この譲与安堵である。相伝の由緒（譲状）と当知行の事実に基づき、綿密な調査を経て承認されるのが直義の安堵であり、これは鎌倉幕府後期の所領安堵方式を継承している。

他に注目できるのは、元弘没収地返付令に基づく直義下文が存在することである（建武四年（一三三七）九月二三日付、尾張浅井文書）。開幕以前には尊氏が一元的に行使していた元弘没収地返付令による安堵は、開幕を契機に直義の権限に移行した。なお、こうした返付系の安堵や訴訟は、「本領返方」という機関で審議された（暦応三年（一三四〇）三月二七日付足利直義裁許下知状、長門熊谷家文書）。

また、暦応四年（一三四一）閏四月一七日付で紙屋川教氏に河内国西氷野荘内の地頭職を安堵した文書は下知状様式となっている（前田家所蔵文書）。下知状については次項で取りあげるが、これは三位の公卿に対する所領安堵であるので、武士に対するように尊大な様式である下文を使用することをはばかったのではないだろうか。

直義下文の日付は、七・一七・二七日のものが圧倒的に多い。これは、これら七の日が下文を発給する式日だったことを示している。直義下文は評定で定期的に発給されるのが大きな特徴で、不規則に発給されていた尊氏袖判下文との大きな相違点である。

様式については、奥上に「源朝臣（花押）」と署判する点は開幕以前と同じである。ただし、本文の最後に「以下」という文言が新たに付されるようになった。これは、鎌倉幕府における将軍家政所下文を踏襲したと筆者は考えている。それは「将軍家政所下」で始まり、「以下」で終わる。そして、奥上に執権・連署を含む数名の政所職員の署判が据えられていた。

という視点で改めて確認すると、この時期の直義下文は「尊氏政所の職員で執権も兼ねる直義が作成した下文」にも見える。現実には直義下文は安堵方で作成されたのであるが、少なくとも理念的には鎌倉幕府を再現しようとした意図は読み取れる。

一方、尊氏の方は恩賞充行袖判下文を相変わらず大量に発給している。数量的には直義下文よりもはるかに多い。尊氏袖判下文は、「恩賞方」という機関で作成された。特徴を挙げれば、執事高師直が諸国の守護に尊氏下文の強制執行（沙汰付）を命じる施行状を付す場合があったことである。

「二頭政治」期においては、直義が純然たる恩賞充行権を行使した事例や、逆に尊氏が所領安堵を行った事例は一例も存在しない。「尊氏―恩賞充行／直義―所領安堵」の権限区分は、きわめて厳密に行われていた。

ちなみに寺社に対する恩賞充行と言える所領寄進も、尊氏が寄進状を発給していた。恩賞充行とは異なり、直義が寄進状を出した事例も少数ながら存在するが、所領寄進が尊氏の専権に属していたことは確かであろう。

直義下文には、原則として施行状は発給されなかった。執事施行状は不知行所領を当知行化することを命じる文書であるから、すでに当知行を達成している所領に対して出される直義下文には付されないのは構造的に当然であった。

ただし、元弘没収地返付令適用による安堵など不知行所領に対して出された直義下文には、執事施行状が出されるケースが稀に存在した（前掲建武四年九月二三日付直義下文に付された同年同月二六日付執事施行状、広島大学文学部所蔵文書）。

なお、直義の所領安堵は武士が提出した譲状の袖や裏に、「任㆓此状㆒、可㆑令㆓領掌㆒、仍下知如㆑件」という文言を記して行う場合もあった（暦応四年（一三四一）八月一二日付、武蔵美吉文書など）。このような形式の安堵を「外題安堵」（裏に記された場合は「裏書安堵」）というが、これも鎌倉幕府の制度の踏襲である。

また、建武戦乱期には尊氏が一元的に行使した寺社に対する所領安堵の権限も直義に移行し、御判御教書によって行われた（建武四年七月一〇日付、相模円覚寺文書など）。要するに直義は、所領安堵権をすべて掌握したのである。

裁許下知状

直義主導下の室町幕府を最も象徴すると言っても過言ではないのが、裁許下知状である。直義が管轄した不動産訴訟（所務沙汰）の判決文で、鎌倉幕府の裁許下知状を踏襲したものである。これも一例を紹介しよう。

暦応二年（一三三九）一二月九日付足利直義裁許下知状（山城東寺文書射）

東寺八幡宮領山城国久世上下庄雑掌光信申、去今両年々貢百四十石余事

右、当庄地頭職者、去建武三年七月一日、被㆑寄㆓‐附当社㆒以降、為㆓放生会以下厳重之料所㆒、致㆓長日御祈禱㆒之処、下司・公文等、称㆓半済㆒、抑㆓‐留神用㆒之由訴申之間、今年十一月十三日、仰㆓金持三郎右衛門尉広信㆒、遣㆓召文㆒之処、如㆓執進公文広世・仲貞、下司広綱等請文㆒者、半済

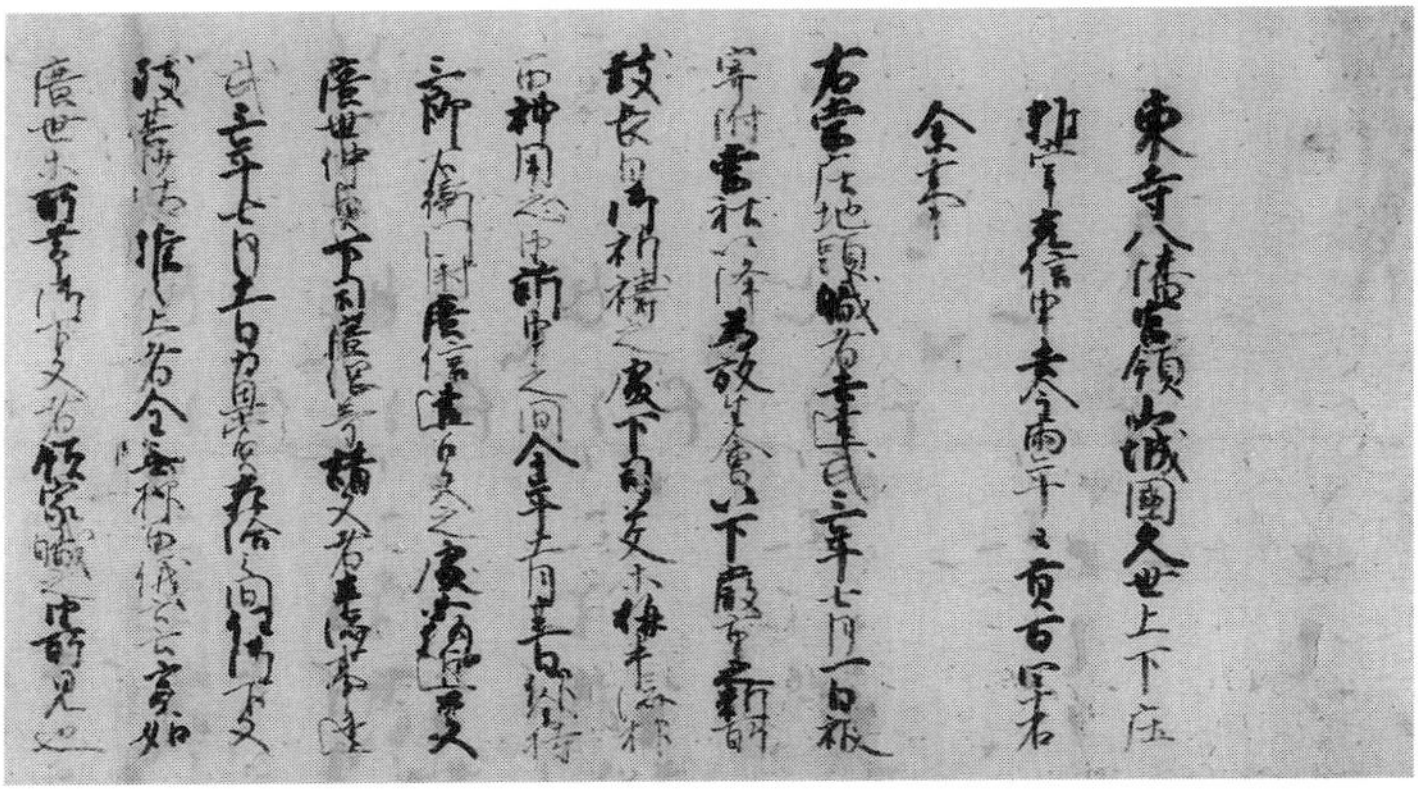

(暦応2年12月9日)(東寺蔵)

事、建武三年七月十一日、為二恩賞一充給之間、任二御下文一、致二其沙汰一候之上者、全無二抑留儀一云々、爰如二広世等所帯御下文一者、領家職之由所見也、為二地頭職内一、下司・公文等争可レ帯二領家職半済御下文一哉之由、雑掌雖レ申レ之、為二軍陣義一之間、非二巨難一之上、西京之甲乙人等、依レ有二軍忠一、本所進止之所帯等、猶以為二武家之計一、平均被二充行一畢、適二武家被管一之広世等勲功之賞、輙巨二改動一歟、但為二先日御寄進地一之間、以二後日御下文一、軽顛二一倒神領一之条、(無カ)其理之専一也、然則止二当庄半済之儀一、於二抑留年貢一者、任二員数一、可レ令二糺返一、至二広世等一者、可レ充二一給其替一之状、下知如レ件、

暦応二年十二月九日

源朝臣(足利直義)(花押)

建武三年七月一日、尊氏が山城国久世上下荘地頭職を東寺八幡宮に寄進した。ところが、同荘の下司・公文が

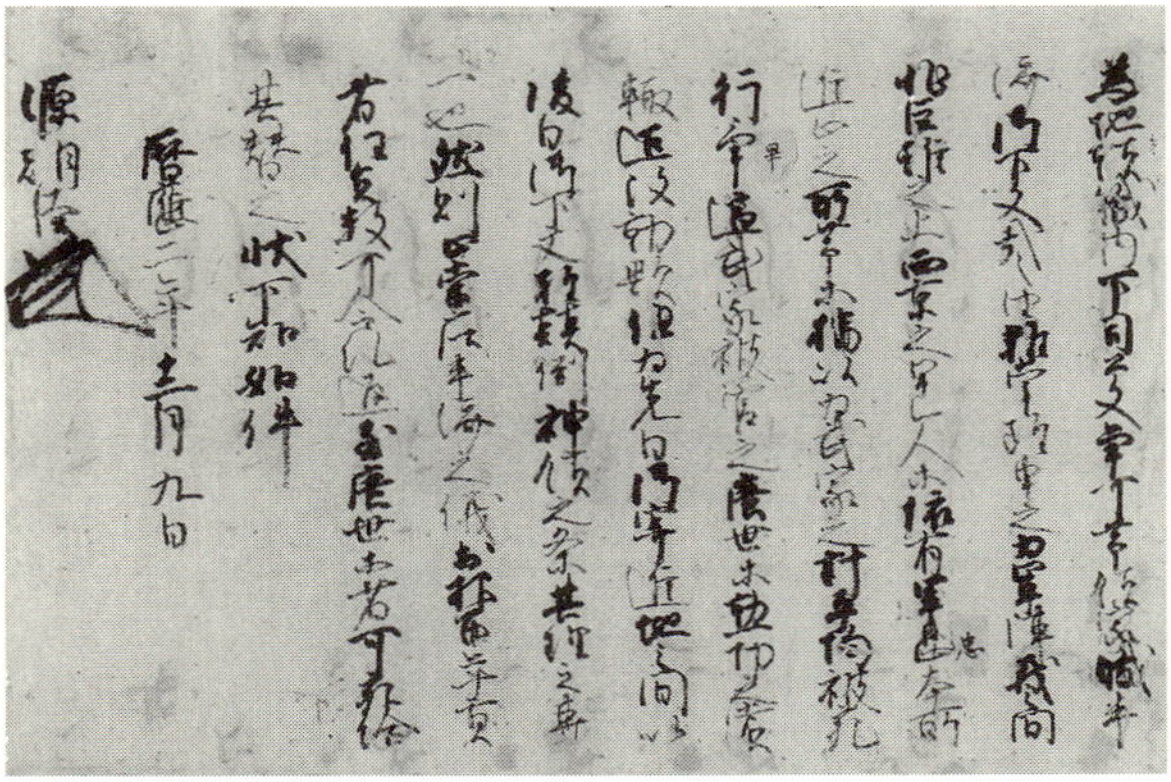

直義裁許下知状

「半済」と称して暦応元年（一三三八）・同二年の神用物一四〇石を納めなかったため、東寺八幡宮は幕府に提訴した。これに対して、公文広世・仲貞および下司広綱は請文を提出し、この「半済」とは建武三年七月一一日に尊氏から恩賞として充行われたものであると主張した。要するに、尊氏が東寺八幡宮と下司・公文に同一所領を重複して給付してしまったために、両者の権益が衝突したわけである。直義は、寄進が先に行われたことを根拠に東寺八幡宮を勝訴とし、抑留している神用物の上納を下司等に命じた。以上が判決の概要である。

こうした様式の文書は、本文の最後が「下知如ㇾ件」で終わっているので、「下知状」という。下文と同様、当初の直義下知状は奥上に「源朝臣（花押）」と記す形式であった。直義の下知状は、現在九三通発見されている。

所務沙汰の審理は、「引付方」と呼ばれる機関で行われた（禅律寺院が訴訟当事者であれば、「禅律方」で行われる場合もあった）。引付方も鎌倉幕府以来の訴訟機関で、直義期幕府では五つの部局に分かれ、それぞれに長官（頭人）が置かれて評定衆・奉行人が所属していた。

訴人（原告）の訴状を受理した引付方では、論人（被告）に対する尋問などが行われた。本事例においても、金持広信に対して論人の召還命令（召文）が出され、金持によって論人の弁明文（請文）が取り次がれている。訴陳の応酬が三度繰り返され（三問三答）、法廷に訴人・論人が出頭して直接対決する場合もあった。そのような手続を経て下知状の草案が作成され、評定に上程されて直義の決裁を仰ぐ。このあたりは、下文の発給手続と同じである。

下知状の日付も、下文と同様に七の日が圧倒的に多い。すなわち、七の日は下知状発給の式日でもあったのである。また、建武・暦応年間には一の日も下知状発給の式日だった。九の日は禅律関係の評定の式日。そして、これらも所領安堵の式日でもあった。

なお下知状が交付されても、敗訴した武士が応じないなどの理由で判決が実現しない場合が多かった。これを「下知違背の咎」といったが、このとき引付頭人奉書による下知状の執行命令が守護宛に出されることがあった。この点、尊氏の恩賞充行袖判下文が出された後に、執事高師直による施行状が発給されたのと似ている。

ただし下知状執行命令の場合、執事施行状ほど制度化が進行しておらず、獲得に煩瑣な手続を要する上に、執行力も施行状より劣っていたようである。また、敗訴者の控訴（「越訴」などといった）によって理非糺明の審議が再開される道も排除されてはいなかった。これは、所務沙汰そのものが原理的に「訴論人の権益調整を公平に行う調停者」の役割を有しており、片方を一方的に勝利させることになじまなかったためと考えられる。

直義の所務沙汰裁許の判決基準

これに関しても、詳細な研究が進んでいる。係争地を正当な根拠によって代々領有している、すなわち「相伝の由緒」を持っている者を勝訴とする傾向が強かった。所領安堵もそうであるが、基本的に現状維持を最優先するのが直義政治の一大特徴である。そのため、訴人が勝訴する確率が高かった。特に寺社本所と武士が対決した場合には、ほぼすべて寺社本所が勝利している。

右に掲げた判例においても、東寺が武士に勝訴している。敗訴した武士には、本例もそうであるように替地を充行う弁償が行われたが（実際に替地を探して給付するのは尊氏管轄の恩賞方の業務となる）、替地充行の実現も容易ではない。概して、武士に不利な制度であったことは動かないとされている。

直義の政策に関しては、彼が上杉憲顕《のりあき》に送った御内書もよく言及される（建武四年）五月一九日付、出羽上杉家文書。口絵参照）。その御内書には、「あなたが守護に任命された上野国に赴任してから、上野国内の情勢が安定したのは誠にめでたいことです。諸国の守護が非法を行っているとの情報ばかりが入ってきている中、上野国の統治が法律に則って殊勝であると人々が評価しているのは感激きわまりありません。御親父（上杉憲房）の忠節も絶大で諸事を委任していたのですが、去年の正月戦死してからは私も万事力を落として悲嘆きわまりなかったところ、このように分国の統治が順調であると承りましたので、御親父が生き返られたと喜んでおります（後略）」と記されている。

この文書にあるとおり、上杉憲顕は前年正月の第一次京都市街戦で戦死した上杉憲房の子息である。尊氏・直義兄弟の従兄弟でもある。亡父が務めていた上野守護職を継ぎ、同国に下向した。後に関東執事や越後守護も兼ね、熱烈な直義与党として活躍した。

本史料は、そうした憲顕の上野統治を直義が絶賛する内容なのであるが、同時に「諸国の守護が非法ばかり行っている」と直義が述べている点も注目できる。直義にとって大半の守護や武士は、寺社本所や皇族・貴族そして伝統的な地頭御家人の所領を非合法に侵略する存在だった。そのため幕府追加法を制定し、下知状や引付頭人奉書を発給して取り締まる対象だったのである。事実、下知状だけではなく直義執政期における幕府追加法も、守護や武士の荘園侵略を禁止するものが非常に多い。

以上の考察をまとめると、寺社・公家および鎌倉以来の伝統的地頭御家人の既得権益を擁護し、結果として新興武士層の台頭を抑制するのが直義政治の基調だったのである。

ちなみに右の直義裁許下知状に見える「半済」とは、前章で述べた、建武三年八月以降に尊氏が御判御教書によって山城国の非御家人に領家職の半分を地頭職として給付した特殊な恩賞充行政策である。つまり半済は、幕府に忠誠を誓う御家人を増やして政権基盤を強化する重要政策だった。

しかし、直義は寺社の権益保護を最優先する自身の信念に基づき、兄の措置を容赦なく覆していった。発足早々、幕府は矛盾に直面する事態に陥ったのである。

軍勢催促状・感状・祈禱命令・祈願寺指定・院宣一見状・官途推挙状

建武戦乱期には尊氏・直義両者が発給した軍勢催促状と感状であるが、幕府が発足すると残存事例はすべて直義発給となる。すなわち、直義は武家の棟梁に必須である軍事指揮権を掌握したのである。

直義の感状で注目できるのは、建武四年（一三三七）五月頃から守護・大将の注進があった場合に「可レ被二抽賞一」などと恩賞給付を約束する文言を持つものが出現することである（同年同月二七日付、薩摩島津家文書など）。以前は前述したようにこうした文言を持つ感状は尊氏のものに限られ、直義感状は「於二恩賞一者、追可レ有二沙汰一」と述べるにとどまっていた。直義感状は、恩賞を約束する文言も尊氏感状に並んだのである。なお、建武戦乱期には尊氏・直義両者が発給していた寺社に対する祈禱命令も、幕府発足後は直義の専権となった。

また、将軍家の安泰を祈るように幕府から指定された寺を、「祈願寺」という。これも、鎌倉幕府の関東祈禱寺や後醍醐天皇の勅願寺の制度を継承したものである。将軍のために祈禱する見返りとして、祈願寺は寺領安堵等の権益を獲得した。初期室町幕府では、祈願寺指定は直義の御判御教書で行われた（暦応四年（一三四一）閏四月二〇日付、下総大慈恩寺文書など）。

さらに直義に特徴的な文書として、院宣一見状を加えることができる。一例を示そう。

建武四年（一三三七）三月四日付足利直義院宣一見状（山城東寺文書）

東寺修造料所安芸国国衙事、院宣加二一見一之状如レ件、

建武四年三月四日　（足利直義）（花押）

大勧進教覚房

安芸国を東寺修造料所として寄進した建武三年一二月二七日付光厳上皇院宣に基づいて直義が発給した御判御教書で、「院宣加二一見一」やこれに類した文言が見られるので、院宣一見状と呼ばれる。建武三年には尊氏・直義双方の発給事例が見られるが、翌年からは様式や署判形式は不統一ながら直義の発給事例のみ残存する。

院宣に基づいて発給される点は、下文に基づいて発給される執事施行状に似ている。ただ、執事施行状が守護に対して下文の沙汰付を命じたのに対し、院宣一見状がそうした強制執行力をまったく持たず、直義の権威のみで院宣の実現を図る点が決定的に相違している。鎌倉期までの施行状は強制執行力を持たず、ただ命令を伝達するのみであるものが主流であったので、その点で院宣一見状も前代の系譜を継承していると評価できる。

なお、院宣の中でも室町幕府の引付頭人奉書に相当する押妨停止・下地沙汰付命令は、上皇側近の貴族が幕府に消息を出し（初期は執事高師直宛）、引付頭人奉書によって施行が行われた。これも鎌倉後期の六波羅探題の体制を継承しているが、直義の院宣一見状とは区別する必要がある。

最後に、官途推挙状を紹介したい。朝廷に武士が希望する官職を推薦する権限も、直義が行使した。

貞和五年（一三四九）五月一三日付足利直義官途推挙状（新潟県立歴史博物館所蔵越後文書宝翰集所収三浦和田文書）

（足利直義）（花押）

三浦和田四郎兵衛尉茂実、下野権守所望事、為二高山寺修造召功内一、所二挙申一也、於二成功一者、
早可レ令レ送二寺家一之状如レ件、
貞和五年五月十三日

三浦和田茂実を下野権守に推挙する直義袖判御教書である。特筆するべきは、直義期の任官が軍忠に対する恩賞ではなかったことである。朝廷の行事や造営事業、寺社の修造等に際して、費用を納めたり造営を請け負った褒賞として希望の官職に任官する制度で、このシステムを「成功《じょうごう》」といった。本事例においても、山城国高山寺修造が推薦の理由として挙げられている。

成功ではない軍忠に対する恩賞としての任官は、建武政権や南朝においてさえすでに行われていた。にもかかわらず、武家政権である室町幕府では、任官は恩賞化していない。この点にも直義の保守性が窺える。

主従制的支配権と統治権的支配権

以上、初期室町幕府の体制を、発給文書に即して瞥見した。繰り返すとおり、尊氏が恩賞充行と守護職任命の権限のみを保持したほかは、すべて直義の管轄となった。

これを幕政機関で説明すると、直義は安堵方（所領安堵）・本領返方（所領返付）・引付方（所務沙汰）・官途奉行（官途推挙）などを管轄した。また、後述するように禅律方（禅律寺院関係の訴訟）も管轄した。これらの機関で審議された案件は、最高議決機関である評定で最終決定されて下文・下知

状・御判御教書が発給された。

その他、御家人の統制機関で洛中の警察も担当した侍所も佐藤進一氏の段階では尊氏の管轄とされていたが、その後の研究の進展によって直義が掌握していたことが解明された。貞和二年（一三四六）正月二一日、光厳上皇の要請で直義は上洛した東大寺衆徒の狼藉停止を侍所に命じている（『賢俊僧正日記』同日条裏書）。また、直義の裁許下知状に違背した輩の逮捕・流罪を直義が侍所の下部機関である検断方に直接命じた事例も存在する（貞和三年（一三四七）八月二七日付直義裁許下知状案、長門内藤家文書など）。

加えて、将軍尊氏の家政機関である政所の業務にも直義が干渉したことが指摘されている。なお、直義も政所を持ったとする見解もある。政所は、本来公卿の家政機関である。後述するように直義は康永三年（一三四四）九月に公卿に昇進したので、確かに少なくともこれ以降政所を開設した可能性が存在する。

佐藤進一氏は、尊氏の権限を武士を家来として従属させる武家の棟梁の機能と見なして、これを主従制的支配権と名づけた。直義の方は、全国を統治する政務の統括者と評価し、統治権的支配権と命名した。換言すれば、尊氏は人を支配し、直義は領域を支配したのである。そして、初期幕府の体制を尊氏・直義兄弟による「二頭政治」と総括した。

同じ佐藤氏による得宗専制論などと同様、この「二頭政治」論も斬新な見解で学界を風靡し、定説となった。ただこの説に関しては、当初から批判が寄せられて議論が行われた。それらの議論は、論点が複雑かつ多岐にわたって膨大である。その詳細を説明する紙数的余裕も能力も筆者にはないが、本書の趣旨に沿う範囲で言及したい。

最大の批判は、やはり直義の所領安堵に対する評価であろう。武士の所領領有を承認する行為は、主従関係を確認する機能なのではないか。現に、鎌倉幕府初代将軍源頼朝が所領安堵を行い、御家人との主従関係を強化した事例は枚挙にいとまがない。この問題に関して複雑な議論が展開されたが、現在では一応統治権的支配権に属するとされている。

これと関連して、鎌倉幕府の場合、将軍と執権の権限がここまで明確に分離していないという問題も存在する。将軍が譲与安堵を行使した事例は多数存在するし、執権が充行を行った事例も少数ながら散見する。こうした批判に対して佐藤氏は、鎌倉幕府発足当初は将軍が恩賞も安堵もすべて行っていたのが複雑な沿革を経た後、嘉元元年（一三〇三）以降譲与安堵がすべて執権の外題安堵となった事実を指摘して答えた。

しかしこれでは、鎌倉幕府において佐藤氏の理論が成立しそうなのは、ようやく最末期のごく一時期にすぎなかったことになる。また執権の所領安堵は下知状や外題安堵で行われたが、直義のそれは下知状よりも尊大で武家の棟梁が発給する下文によったのであり、鎌倉体制の完全な踏襲ではない。

結局、所領安堵に統治権的要素が存在することは指摘できても、主従制的要素も存在することを〝完全に〟否定するのは困難なのである。

加えて管見の限りでは次に述べる疑問は見かけないが、逆に尊氏の恩賞充行には統治権的な要素は皆無なのであろうか。平時の恩賞充行は、恩賞方において武士の軍忠を調査し、守護の闕所《けっしょ》地注進などに基づいて恩賞所領を決定した。そして下文発給後に執事施行状を発給して、下文の実現まで保障した。実態はともかく、少なくとも理論上は所領安堵と同様、あるいはそれ以上に調査や審議を要した。佐藤氏が述べる統治権的・領域的支配の要素を十分に含んでいる。

何より、軍勢催促状と感状を直義がほぼ一元的に発給している事実は大問題であろう。おまけに彼は侍所まで管轄し、御家人統制や洛中の警察機能まで担っていた。これらの機能は、武家の棟梁の最大かつ不可欠の行為なのではないか。

『難太平記』によって尊氏が「弓矢の将軍」と評価され、直義については同書等の諸史料が「政道」の側面を強調していることも、二頭政治論の根拠によく出される。しかし軍事・警察を掌握しているのは直義であったから、少なくともこの時期においては「弓矢」さえも直義の専権であったと言わざるを得ない。

『難太平記』の著者今川了俊は優れた歌人で、同書以外の著書も多く文筆に優れていたので、彼の証言は学術研究においても頻繁に引用される。しかし彼の活動期間は南北朝後期であり、先に見た足利家時置文の件などからも窺えるように、後世の結果論による誇張や潤色も多いようだ。原則として、彼の言ったことをあまり真に受けるべきではないと思う。

直義主導の幕府

佐藤氏は日本中世政治史において数多くの定説を打ち立てたが、それらの中で「二頭政治」論は最も批判が多かったと思われる。しかし、かと言ってこれを超える枠組みを打ち出した研究者は皆無である。そのため、現代なお不動の定説の地位を占めている。構図も明快であるので、多くの研究者が内心疑問に思いながらも佐藤説を踏襲してきた。実は筆者もそうであった。

しかし、さすがにその呪縛から解放されるべき研究段階に来ているように思う。以下、つたないながらも私見を開陳してみたい。

「二頭政治」と表現すると、尊氏と直義が権限を均等に二分して行使していたイメージをどうしても抱いてしまう。しかし、右に見たように、両者の権限は著しく不均等で、直義に大きく偏っている。文書の残存比率を見ても、上島有氏によれば暦応二年（一三三九）以降、尊氏文書と直義文書はおよそ一対二の比率となる。特に暦応四年（一三四一）は直義文書の比率が九割にせまり、尊氏はわずか六通しか文書を発給していない。こうした状況を、「二頭政治」と形容してしまうことが問題なのではないだろうか。

繰り返すように、『梅松論』は尊氏が直義に政務のすべてを譲り、その後一切介入しなかったと述べている。多くの論者がこれに言及しながらも、重視していないように見受けられる。しかし『梅松論』がまさに述べるとおりで、初期室町幕府の体制は直義が事実上の首長として主導する体制だったのである。事実、直義その人を幕府そのものを意味する「武家」と称した事例が存在する（『東宝記』など）。

建武政権の権限分割体制を継承

しかしだとすれば、新たな疑問が出てくるだろう。考えられる問題を、左に列挙する二点にまとめてみた。

(1)尊氏が直義に政務を委譲しながら、行政機能の一部を依然保持したのはなぜか。
(2)保持した行政機能が、恩賞充行であったのはなぜか。

(1)については、月並みな解答であるが、やはり戦争が継続している状況が尊氏の完全引退を許さなかったと考える。軍事指揮に加え、充行・安堵・所務沙汰等の戦後処理に属する業務は膨大な量に達する。いかに直義が優れた政治家であっても、これらの業務を一人ですべてこなすのは不可能であった。こうした情勢下、尊氏が本気で出家・遁世を望んでも、周囲が全力で制止したに違いないのである。

しかし、膨大な業務の一部を尊氏に割譲する必要があったとしても、それが恩賞充行であったことに必然性はあるのか。実はこのような権限分割は、間近に先例が存在した。ほかならぬ建武政権である。

建武元年（一三三四）五月頃、武士に対する所領安堵の権限が天皇・国衙から雑訴決断所に移行し、牒形式の文書で安堵が行われた。そのため、以降の後醍醐天皇綸旨は、大半が武士に対する恩賞充行・返付と寺社に対する寄進・安堵・返付に限定された。

また同年八月に行われた決断所組織の四番制から八番制への拡充後は、決断所下文によって安堵が行われた。さらに八番制決断所は、所務沙汰だけではなく刑事訴訟（検断沙汰）や動産訴訟（雑務沙汰）など広範な権限を行使した。

建武政権と初期室町幕府の体制は、もちろん相違点も存在する。しかし、それを差し引いても両者は酷似している。武士への所領安堵を下文で行う点も共通している。少なくとも、初期室町幕府の体制が建武政権の影響を受けているのは動かしがたい。

創造と保全

となると、尊氏が恩賞充行権を保持した理由を考察することは、建武政権発足当初はすべての命令を綸旨で発していた後醍醐天皇が、所務沙汰裁許権や所領安堵権を雑訴決断所に移管し、恩賞充行権を自らの手許に残した理由を考えることとほぼ等しくなる。

それは当然、後醍醐が恩賞充行権を最重要の権限であると考えたからにほかならない。では、なぜ彼は充行を最重要と見なしたのか。それもやはり、鎌倉幕府打倒に貢献した武士に具体的な利益を与えて報いることが、政権基盤を固めるために最大の政策課題だったからと考える。

その路線を室町幕府も踏襲した。発足当初の政権にとっては、恩賞充行権のみで他のすべての権限に匹敵するほど、あるいはそれ以上に重大な課題だったのである。初期室町幕府の権限分割は現実の政治・社会情勢から必然的に選択された選択肢であり、支配理念や思想的な信念などはあまり関係なかったと考えている。

この問題に関しては話をここで終えてもよいのであるが、もう少し深く考えてみよう。

後醍醐―尊氏が行使した恩賞充行権とは、突き詰めて言えば、既存の所領秩序を変更し、新しい所領秩序を生み出す機能である。換言すれば、変革であり、創造の機能だ。

対して雑訴決断所―直義が行使した所務沙汰裁許や所領安堵などの権限は、既存の所領秩序を維持する機能である。保守であり、保全の機能である。

軍事指揮や警察活動も、「既存の秩序の破壊を目論む反乱や犯罪を鎮圧し、あるべき姿に秩序を戻す」と考えれば、保全の機能に分類できるであろう。

官途推挙権は微妙であるが、前述したように直義期の官途推挙は成功という古い形態で、既存の官位秩序を踏襲する方針であったと考えられる。よって、少々苦しいものの保全と見ておきたい。

創造と保全は通常は密接かつ不可分に混在し、時に矛盾して競合することもあるが、古今東西あらゆる政治権力に求められる二大要素である。発足したばかりで味方からの広範な支持を必要とする新政権においては、創造の要素が特に重視される。政権基盤が確立し、安定した政権においては保全の要素が重要となってくる。初期室町幕府は、特殊な政治状況の下で、創造機能と保全機能がかなり明確に分離したユニークな政権だったのである。

ただしこれまでの行動や性格を考慮すると、後醍醐や直義はともかく、尊氏自身はここまで深く考えてこのような体制を構築したわけではないと思われる。建武政権の前例を踏まえて、煩瑣で困難と思われる業務をすべて直義に押しつけたというのが実態に近いであろう。しかし、理由はともかく尊氏が恩賞充行権を保持したことが、後の直義との対立で結果的に威力を発揮してくるのである。

事実上の指導者として広範な権限を行使した直義であるが、幕政上における彼の公的な役職名は、実は存在しなかったようである。

「三条殿」直義

もっとも広く呼ばれた名称は、開幕以来の邸宅所在地下京三条坊門高倉にちなんだ「三条殿」「三条坊門」である。尊氏や師直も、直義を「三条殿」と称している（康永三年（一三四四）四月二日付足利尊氏御内書、薩摩島津家文書など）。

また、地名と任官した左兵衛督（後述）の唐名「武衛」を合わせた「三条武衛」と呼ばれることもあった（『師守記《もろもりき》』康永四年（一三四五）九月五日条）。尊氏と並べて、「征夷大将軍・左武衛将軍」「両将軍」「両殿」「武家両人鎌倉大納言 左兵衛督」などと称される場合もあった。

学界では、「天下執権人」と呼ばれたことが注目されている（『園太暦《えんたいりゃく》』康永三年九月二三日条）。「日本の副将軍」と評した史料もある（『太平記』巻第一九）。しかしこれらは部外者による表現に過ぎず、公式に「執権」「副将軍」なる役職が存在したわけではないことについても先学がすでに指摘している。

強いて言えば、直義の地位に最も近いのは鎌倉幕府の執権である。直義の発給文書を代表する裁許下知状は、鎌倉幕府においては「関東下知状」と呼ばれ、まさに執権が発給した文書であった。初期室町幕府が、鎌倉幕府の体制の影響を受けた側面は確実に存在するのである。

しかし直義の地位は、鎌倉幕府執権の完全な再現ではなかった。まず、連署が設置されなかった点が異なる。連署は、文書に執権と連名で署判を加える役職である。所領安堵も、前述したように後期の鎌倉幕府では執権・連署が関東下知状や外題安堵で行うのが普通であった。この点、下文で安堵を行った直義とは明確に異なる。

裁許下知状も、関東下知状は「依㆓鎌倉殿仰㆒、下知如㆑件」と将軍の命を承けて発布する形式であったのに対し、直義下知状は単に「下知如㆑件」と完全に直義個人の判断によることが明記されていた。直義の裁判に、将軍尊氏の意思の介入はなかったのである。

また、執権は「依㆑仰執達如㆑件」の書止文言を持つ奉書（関東御教書）も発給したが、直義はこれも発給しなかった。初期室町幕府において、関東御教書と同形式の奉書を出したのは、執事高師直や引付頭人などであった。

筆者の結論を述べると、直義の地位は後期鎌倉幕府の体制を基礎に、建武政権下で試行錯誤を経て完成した後醍醐―雑訴決断所の権限分掌体制を合成させて生み出された空前絶後の身分だったのである。従来、彼の地位が建武政権の影響を受けたとする見解は存在しなかったが、筆者は初期室町幕府を理解する上で重要であると考えている。

結局、直義の地位の名称は、当時最も多く使用されて尊氏も用いた「三条殿」とするほかはないであろう。後年の室町幕府においては、首長の邸宅所在地であった「室町殿」がその地位を表す名称とされた。三条殿は、かかるあり方の先駆的な形態だったとも考えられるのである。

政務における直義の姿勢

直義が私心を挟むことなく、質素倹約に努めて謹厳実直かつ厳格に政務に取り組んだことはよく知られている。『梅松論』も、直義の性格を「廉直かつ誠実で、物事を偽る気配がなかった」と評している。

建武五年（一三三八）八月二八日、北朝は「暦応」と改元したが、このとき直義は新年号に「文」の字を入れることを希望した（『実夏公記』同日条）。結局実現しなかったが、これも文治を尊ぶ彼の政治姿勢を表しているだろう。

また直義が、八月一日に物品を贈答し合う「八朔《はっさく》」の風習を禁止したことは有名である（『光明院宸記』康永四年（一三四五）八月一日条）。これは、贈答による人々の経済的負担を減らす意図があったことが指摘されている。加えて、鎌倉幕府もたびたび八朔禁止令を出しているし、四代将軍足利義持《よしもち》も同様の命令を出している。よって直義の独創ではないが、彼が賄賂を嫌った清廉潔白な政治家だったことは確かである。

加えて後年の記録であるが、永徳三年（一三八三）三月二九日、臨済宗の高僧義堂周信は三代将軍足利義満に、「初代鎌倉公方足利基氏《もとうじ》（尊氏子。義満叔父）は、田楽を生涯に一度も見ませんでした。これは基氏の叔父直義が政道の妨げとなるため、遊びに行かなかったのを基氏も見習ったものです」と述べた。これを聞いた義満は恥じらったという（以上、『空華日用工夫略集』同日条）。

しかし筑前国多々良浜の戦いにおける直義の言動は、そうした直義の一般的なイメージとは少々異なっているように見受けられる。前述したように、このとき直義は敵の大軍を怖れて引き返した大高重成を冗談交じりで嘲笑している。また危機が迫ったときに自身の直垂の右袖を後陣の尊氏に届けて巧みな弁舌を振るった逸話も、芝居がかった異色の直義像を見せている。

後述するように、直義は愛人の存在を窺わせる和歌も詠んでいる。さらには禅宗の高僧雪村友梅に自ら履を進めた逸話も存在し（『雪村行道記』）、誰とでも親しみやすい気さくな性格も窺わせている。以上の痕跡から、本来の直義は明るい性格で多弁で冗談好きだったのではないかと筆者は考えている。何度も述べるとおり直義は妾腹の次男であり、二〇歳になるまで無位無官だった人物である。本来であれば足利一門庶流の中級御家人として平凡だが幸福な一生を送るはずであり、天下国家のことなど何も考えずに、平和に育てられたに違いないのである。また、母上杉清子を強く慕っていた形跡があることも指摘されている。案外、末っ子らしい甘えん坊だったのかもしれない。

厳格な直義の政治姿勢は、室町幕府が発足して政務を執ることになってから後天的に形成されたように筆者には思える。実際、直義が重々しく振る舞うことは尊氏に求められたという（『梅松論』）。これも比較的知られた逸話であるが、逆に言えば尊氏がわざわざ要求しなければならないほど、直義本来の人格は相違していたのではないだろうか。

直義の政治姿勢についてはもう一点、家柄によらない徹底的な実力主義を貫いたことも知られている。今川了俊は、その著書『難太平記』において、「『家柄によって立身しようとはゆめゆめ思うな。文道をたしなんで、将軍に貢献して、その徳によって身を立てろ』と、朝夕直義様は我々におっしゃっていた」と証言している。

実力主義は、伝統的権威を尊重する彼の政策と一見相反するように思える。しかし彼自身が妾腹の出身で二〇歳まで無位無官だったことを想起すると、能力を重視する方が本来の直義の姿勢だったのではないだろうか。

具体例を見よう。高師秋という人物がいる。彼は執事高師直の従兄弟である。足利氏代々の執事を務めた高一族嫡流の人物であった。観応の擾乱に際しては高一族ではめずらしく直義派に属し、最後まで直義と行動をともにした。しかし、直義が彼を優遇した気配はまったくない。これは師秋があまりに無能すぎたためであると筆者は考えている。直義の実力主義が口先だけではなく、行動も伴っていたことが窺えるであろう。

2 幕府執事高師直との対立

尊氏の征夷大将軍、直義の左兵衛督就任

建武五年（一三三八）八月一一日、足利尊氏は正二位に昇進し、同時に征夷大将軍に就任した。建武三年（一三三六）一一月に任官した権大納言は、そのまま兼任した。

尊氏は、いよいよ念願の（?）征夷大将軍に名実ともになったのである。しかし、建武二年（一三三五）一二月の挙兵から数えておよそ二年半、建武三年一一月の『建武式目』制定からも二年近くも経っている。この間、その気になればいつでも将軍になれただろうに、どうして尊氏は就任を渋ったのであろうか。

この問題に関しては、建武五年閏七月に新田義貞が越前国藤島の戦いで戦死したのと関連づけて説

明されることがある。すなわち、清和源氏の末裔で尊氏に匹敵する名門である宿敵義貞を倒し、唯一の武家の棟梁となったことを将軍就任の契機としたというのである。

確かに足利氏は新田義貞の討伐を表向きの大義名分に掲げて謀反を起こしたわけであるから（ただし尊氏自身は、それが本音だったと思われる）、その実現が将軍就任の契機になった可能性は存在する。しかし筆者は、義貞討伐は少なくとも主要因ではなかったと考えている。

何度も述べたとおり、尊氏は妾腹の出身で本来足利氏の嫡流ではなかったし、足利氏も一門内においてすら絶対的な血統的優位は持っていなかった。また新田氏の方も鎌倉時代に凋落し、北畠親房《ちかふさ》でさえ義貞を尊氏の一族と見なし、室町期には足利一門に分類されていた。最近では、新田氏はそもそも平安末期から足利一門であったとする見解が谷口雄太氏によって提唱されているほどである。「武家の棟梁候補として並び立つ清和源氏の両雄、足利氏と新田氏」という構図は、観応の擾乱以降に足利氏によって創作されたとする見解も近年出されている。当時の人々が義貞の敗死を重大事ととらえた形跡は、実はそれほど存在しないのである。

それでは、尊氏の将軍就任が遅れた真の理由は何か。筆者は、尊氏が後醍醐天皇と戦争している現実を受け入れるまでに時間を要したためであると考えている。

もともと尊氏は、後醍醐に反乱を起こす気はまったくなかった。しかし直義に押される形で挙兵して勝利した以上、時計の針は元に戻せない。現実問題として幕府が存在し、朝廷も分裂しているのである。また尊氏が周囲から「将軍家」と呼ばれ、彼もまたそう自称していたこともすでに述べた。そこで尊氏は、政治目標を「南朝と講和し、後醍醐も了承した上で、〝正式に〟征夷大将軍に就任する」に変更したのではないだろうか。

実際、幕府と南朝との講和交渉は行われていたらしいが、この頃完全に決裂した模様である。加えて、直義以下周囲の将軍就任を望む（と言うより強要する）声も日増しに高まっていたことであろう。そこに義貞戦死の報が入り、潮時だと考えた尊氏は、例によって内心不本意ながらもようやく将軍就任を決断したのだと思われる。

尊氏の将軍宣下の二日後、光厳上皇皇子益仁親王が叔父光明天皇の新しい皇太子となった。後醍醐天皇皇子成良親王が光明皇太子を廃されたのは、おそらくこのときであったと思われる。建武三年一二月に後醍醐が吉野に亡命した時点で、成良を廃してもよさそうなものである。だが後醍醐に関してはどこまでも律儀な尊氏は、この段階に至るまで講和条件を遵守していたらしい。

次いで前述したように同月二八日に年号が「暦応」と改元されたことも、尊氏が後醍醐に配慮して将軍宣下を遅らせた傍証に加えることができると考えている。

これに先立つ建武三年二月二九日、建武政権は「延元」と改元した。尊氏の反乱がその理由である。しかし尊氏は建武年号を使用し続け、北朝や室町幕府が成立してからも改元しなかった。これは、室町幕府こそが理念的にも政策的にも建武政権を継承していることを主張する目的であったと筆者は考えている。

その建武年号を捨てることは、尊氏にとって後醍醐との「決別」を意味していたのではないだろうか。

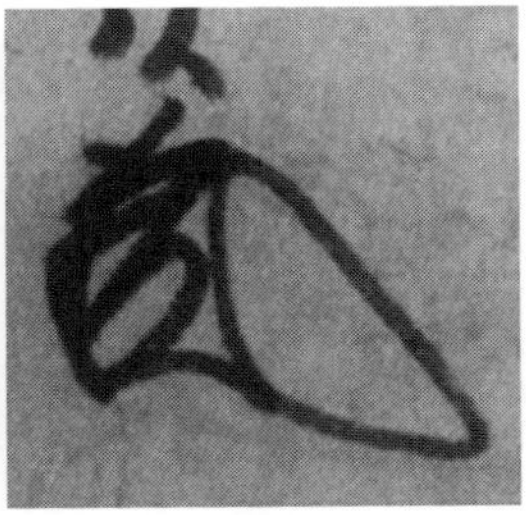

直義花押 A
（建武３年正月21日直義軍勢催促状）（皆川家文書／国（文化庁保管）／真岡市教育委員会提供）

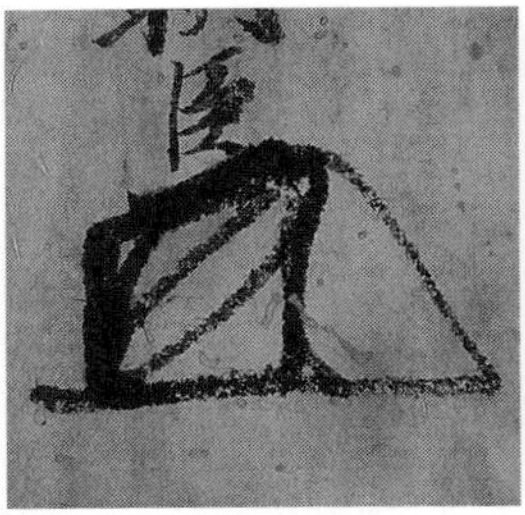

直義花押 B
（暦応３年11月21日直義下文）（島津家文書／東京大学史料編纂所蔵）

ただし武家伝奏の緩怠のため、暦応改元はすぐには幕府に連絡されず、幕府が暦応年号を使用し始めたのは翌九月からであった。この点は私見の反証となるかもしれないが、このいいかげんさに尊氏の投げやり感もよく出ていると思う。

少し話は戻るが、尊氏が征夷大将軍に就任したのと同じ八月一一日、直義も左兵衛督に就任し、同時に従四位上に昇進した。建武政権期に任官した相模守も兼任していた（以上、『足利家官位記』など）。建武政権成立直後の尊氏の地位にほぼ並んだわけである。

この昇進は、尊氏が新田義貞を追討した功績を直義に譲ったとされている。しかし前述したとおり、この時期の幕府は直義が軍事指揮権を掌握していたので、義貞との戦いも直義が京都から種々の指令を出して遂行したものである。本当に直義の功績だったのである。

『太平記』は、直義の左兵衛督就任を「日本の副将軍になられた」と評している（前掲巻第一九）。

ちなみにこの頃、直義の花押の形が変化した。政治的な画期を迎えると直義の発給文書の様式や花押の形状が変化することは前に述べたが、これは直義花押の一回目の変更である。

また直義の裁許下知状発給や評定の式日開催が開始されるのも、この直後からである。尊氏の将軍宣下と自身の左兵衛督任官は、直義にとっても名実ともに幕府の完成を意味したのかもしれない。

なお『太平記』巻第一九によれば、廃太子成良は幽閉され、建武五年四月、兄の恒良親王とともに直義に毒殺されたという。これは、権謀術策のマキャヴェリストとする江戸時代の直義評の有力な根拠となった。

しかし、成良は康永三年(一三四四)正月までは生存したことを確認できるので、少なくとも成良に関しては史実とすることはできない。

「騎馬武者像」(京都国立博物館蔵)
高師直を像主とする説がある。

執事高師直の権限縮小

今までも何度か登場したが、高師直は将軍尊氏の執事である。高一族は、平安時代に源頼義の頃から清和源氏に臣従したとする所伝があり、少なくとも師直の曾祖父重氏の代から足利氏執事を務めていた確実な史料的根拠が存在する。

師直も元弘以来尊氏に仕え、彼を支えてきた。幕府発足後は、執事として尊氏の恩賞充行袖判下文の執行を守護に命じる施行状を発給する業務を中核に広範な権限を行使した。初期には上総守護を務め、直義管轄下の引付方の頭人も担当し、院宣施行等の北朝との交渉も行った。官途は武蔵守である。

軍事的にも、建武五年五月二二日に南朝の北畠顕家を和泉国堺浦で討ち取るなどの大功を挙げている。ちなみに直義は、同年三月八日に幕府軍が摂津国天王寺で顕家軍に敗戦したことを受けて、翌九日に東寺から二キロ弱南方に位置する実相寺に移住し、督戦している（『官務記』同月八日・九日条および前掲『東宝記』）。また兄師泰以下の高一族も幕府の要職に多数就き、主に越後守・播磨守といった受領クラスの官途叙任の栄誉にも預かって、政治に軍事に大活躍した。

ところが暦応改元の頃から、大した失策もないのに師直の権限が削減され始める。

まず建武五年頃、引付頭人を解任された模様である。同じ頃、上総守護も辞任したらしい。暦応改元の際には北朝の改元詔書を尊氏・直義とともに受け取ったが、次の康永改元（一三四二）のときには上杉朝定《ともさだ》が受領している（『師守記』貞和元年（一三四五）一〇月二九日条裏書）。また朝廷において叙任の際に昇進者を記した文書を「聞書」というが、聞書宣下の送付先も、康永元年（一三四二）五月三〇日以前に師直から朝定に変更されている（『師守記』同日条裏書）。さらに貞和年間（一三四五～五〇）には、院宣の施行依頼の宛先も師直から直義に変更されるのである。こうして見ると、削減された師直の権限を代わりに行使したのが、直義や彼に属する武将であることがよくわかる。

そして直義自身の権限も、徐々に強化されていく傾向にあった。暦応三年（一三四〇）四月一五日制定室町幕府追加法第六条は、寺社本所領を押領する者が下知状や引付頭人奉書の命令に従わず、守護使や使節に対して合戦狼藉に及んだ場合、引付方の審議を経ずに直義が直接罪名を裁判できるようにした規定である。

康永二年（一三四三）頃に制定された追加法第一二条も、直義管下の庭中方という訴訟過誤救済機関が、恩賞充行の遅れによって所領を獲得できない武士の提訴に限定しながらも、尊氏系の恩賞充行に介入できることを可能にした法令である。

もともと恩賞充行権を除いて幕政の大半を掌握していた直義であるが、時を経るとともに自己の親裁権をいっそう強化していった。そして、執事の最重要の権限である施行状発給にさえ、直義は干渉を始めるのである。

執事施行状の廃止

暦応四年（一三四一）一〇月三日、室町幕府は追加法を制定した。現代では、追加法第七条と呼ばれている条文である。従来仁政方で行っていた、下文を拝領したにもかかわらず所領を知行できない輩に関する訴訟について、今後引付方で審議することを定める内容である。

筆者は、「下文を拝領したにもかかわらず所領を知行できない輩に関する訴訟」を執事施行状発給の審議と解釈し、仁政方を執事施行状（を含む執事奉書全般）の発給機関と推定している。そして、七条は下文を実現する業務を直義管轄の引付方に移管することで、執事施行状の廃止と直義親裁権の強化を目指したものであると見ている。

事実七条制定と同時期に、直義下文と下知状の署判が「源朝臣（花押）」から「左兵衛督源朝臣（花押）」に変更されている。また直義の花押の形状も、斬進的であるが変化している。暦応元年の一回目の変化に続く、二回目の変更である。署判や花押の変化は直義の親裁権強化の現れと見なされているが、妥当であろう。

この推定が正しいとすれば、この時期に直義が執事施行状の廃止を目論んだ理由としては、まず第一に戦時体制から平時体制への転換を目指したためであると考えられる。詳細は省くが、七条が制定された暦応四年一〇月段階における全国の戦況は、激しい戦いがようやく終息し、室町幕府優位が確立しつつある状況であった。

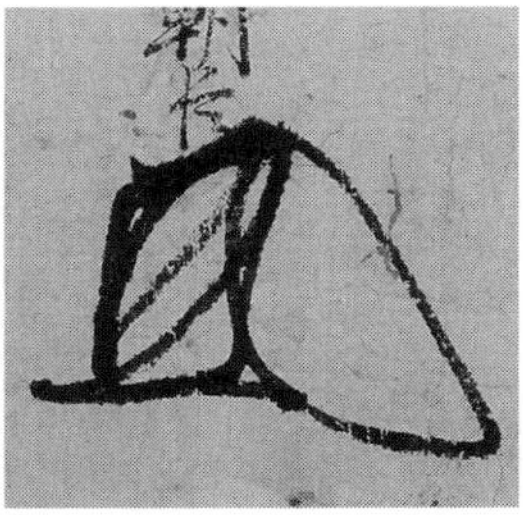

直義花押C
（貞和４年12月７日直義下知状）（堀河基俊遺領裁許状／東京大学史料編纂所蔵）

そもそも執事という職は、前代鎌倉幕府には存在しない地位であった。また鎌倉期の足利家執事と比較しても、執事師直の権限は飛躍的に増大している。まして執事施行状なる文書も、前代には見られない。

開幕直後の師直による執事施行状発給は、南朝との戦いを勝利に導くため、戦時の非常手段として直義も容認せざるを得なかった。しかし戦争も終息の見通しが立ちつつある現在、戦時体制を解除して本来あるべき姿に幕府を戻そう。そう直義は考えたのではないだろうか。

第二に、むろん第一の理由とも密接に関わるが、足利直義が執権北条義時・泰時期の政治体制を理想としていたと考えられることが挙げられる。

鎌倉幕府においては、将軍が発給した下文や執権・連署による下知状（いわゆる「関東下文」「関東下知状」）には施行状は発給されなかった。厳密に言えば、西国に出された関東下文・下知状には六波羅探題や鎮西探題などによる施行状が出されたが、それは下文・下知状の内容の遵守をただ拝領者に伝達するのみで、守護による執行機能が欠落していた。

そのような鎌倉幕府体制を理想とする直義は、施行状を好まなかったようである。傍証としては、前述のように彼の所領安堵下文や裁許下知状に原則施行状が出されなかった事実を挙げることができる。その理由についてもすでに述べたが、安堵・裁許も南北朝末期には施行状発給が原則となったことが確認できるので、直義が己の政治理想から施行状を忌避した要素は否めないと思う。

結局、暦応～康永頃の幕府に見られる一連の政治的変化は、師直の権限を鎌倉時代の足利家執事のレベルにできる限り戻す。そして下文については原則として下文自体の権威によってその内容を実現させ、それが不可能なものに関しては引付方で慎重に審議を行って執行命令を発給する。これらを遂行することで、伝統的な鎌倉幕府執権政治に極力近い体制を構築することを直義は目指したのだと考える。

以上については、今まで筆者はたびたび論じてきた。ところが、室町幕府追加法第七条は、実は暦応四年三月一〇日制定とする史料も存在する（内閣文庫本建武以来追加など）。

当時関東地方では、関東執事高師冬（師直従兄弟兼猶子）が南朝の北畠親房と死闘を繰り広げていた。しかし暦応四年三月頃は師冬に著しく不利な戦況で、幕府では師直を「東国管領」として派遣する構想が真剣に議論されていたようである。

三月制定説が正しいとすれば、師直の東国下向により下文の施行状を発給する人物がいなくなるために、その権限を引付方に移管したことになる。すなわち、本法は直義と師直の対立を物語る法令ではなく、現実的に権限を調整したにすぎなかった可能性も存在する。

かくして議論はふりだしに戻りかねないわけであるが、結果として師直の関東下向が実現しなかったことと、後述するように直義と師直に不和の兆候が見られることから、従来の筆者の解釈を維持することにしたい。

あるいは直義は、当初は師直の東国下向を口実にしていたが、戦況が好転して下向が中止されたにもかかわらず七条制定を強行したのかもしれない。本法は仁政内談で制定されたのであるが、このこと自体がまず異様である上に（通常は評定や御前沙汰で制定される）、「前々内談訖」と制定までに紛糾したことを窺わせる表現が含まれているのである。

しかしながら、師直は執事施行状の発給をやめなかった。そのため、直義と不和に至ったことを窺わせる史料が康永年間（一三四二～四五）に散見する。

例えば康永二年七月三日、北畠親房は東国の武士に宛てた書状の中で両者の対立に言及し、南朝の優位を宣伝している（興国四年〈北朝康永二〉カ）同月同日付親房書状追而書、陸奥相楽文書）。

しかし康永三年頃（一三四四）から、直義と師直との間に一定の政治的妥協が成立し、関係が修復した形跡が見られる。

三方制内談方の発足

同年三月、幕府はそれまでの五方制引付方を改め、三方制内談方を発足させる。この改革は、直義の親裁権をいっそう強化したものと評価されている。この内談方の頭人に、師直が上杉朝定・同重能とともに就任したのである。

ここで、上杉朝定と同重能について簡単に紹介しておこう。一一頁所掲の上杉氏系図も参照されたい。

上杉朝定は、元亨元年(一三二一)誕生。官途は弾正少弼である。尊氏・直義兄弟の母方の従兄弟にあたり、彼らの姪と結婚している(『師守記』康永三年八月二日条)。この女性は、尊氏兄弟の異母兄高義の娘であると推定されている。朝定の系統は、後に扇谷上杉氏と呼ばれる家系となる。室町幕府発足後は、丹後守護・評定衆・引付頭人・安堵頭人といった要職を務めた。貞和二年(一三四六)閏九月頃には、勅撰『風雅和歌集』編纂のための応製百首を直義に代わって清書している(『園太暦』同日条)。

上杉重能は、今までも何度か登場したが直義の腹心である。官途は伊豆守。勧修寺宮津入道道宏の子で、上杉憲房の姉妹である加賀局を母としている。憲房の猶子となり、宅間上杉氏の祖となった。彼も尊氏兄弟の従兄弟である。

元弘三年(一三三三)、細川和氏とともに後醍醐天皇綸旨を尊氏に届け、倒幕を説得した。建武政権では、伊豆・武蔵国主兼守護であった尊氏の下で伊豆国司や武蔵守護代を務め、関東廂番ともなった。建武二年一二月、直義と共謀して後醍醐綸旨を偽作し、尊氏を欺いて出陣させたというのも重能である(『太平記』巻第一四)。また重能は、建武三年六月三〇日の京都市街戦で新田義貞が尊氏に一騎打ちを申し出た際、これに応じようとした尊氏を制止したとされる。室町幕府発足後は、伊豆守護や評定衆などの要職を歴任した。前述の『風雅和歌集』応製百首詠進では、尊氏に代わってこれを清書した。

しかし一方では、重能は暦応元年（一三三八）一二月に幕府への出仕を一時停止され、当時関東執事を務めていた上杉憲顕が一時代わりに上洛を命じられている（同年同月一九日付直義御判御教書、出羽上杉家文書）。貞和二年四月二一日にも、雑務への口入を禁止されている（『園太暦』同月二三日条）。重能は、観応の擾乱以前においては直義が最も信頼した武将であった。しかし、その政治力には疑問符がついたようである。

要するに、内談方とは直義の親裁権を強化した機関であるが、その頭人に尊氏派（師直）を起用して幕府内部の派閥均衡をも図ったのである。

師直から見れば執事施行状の発給を事実上黙認された上に、幕府発足当初と同様直義の管轄機関に参加する。直義にとっても、強大な権勢を誇る師直を自らの機関に取り込むことで親裁権の強化を見込める。お互いにとってメリットがある、妥協点としては最大限あるべきところに落ち着いたという感じである。

直義の従三位昇進と直義袖判下文の出現

次いで康永三年九月二三日、直義は従三位に昇進した（『園太暦』同日条など）。この昇進で彼は公卿となり、その点で兄尊氏と同格となった。

この日、北朝廷臣で当時左大臣を務めていた洞院公賢《とういんきんかた》は、「直義の昇進の話は以前からあったが、彼はこれを固辞してきた。しかし彼は光厳上皇と頻繁に直接面会しており、実質的にはすでに公卿である。にもかかわらず公卿の地位にないのは恐れ多いので、このたび夢窓疎石を通じて直義に説得が行われた」と自身の日記『園太暦』に記した。直義が「天下執権人」と呼ばれたのは、このときのことである。

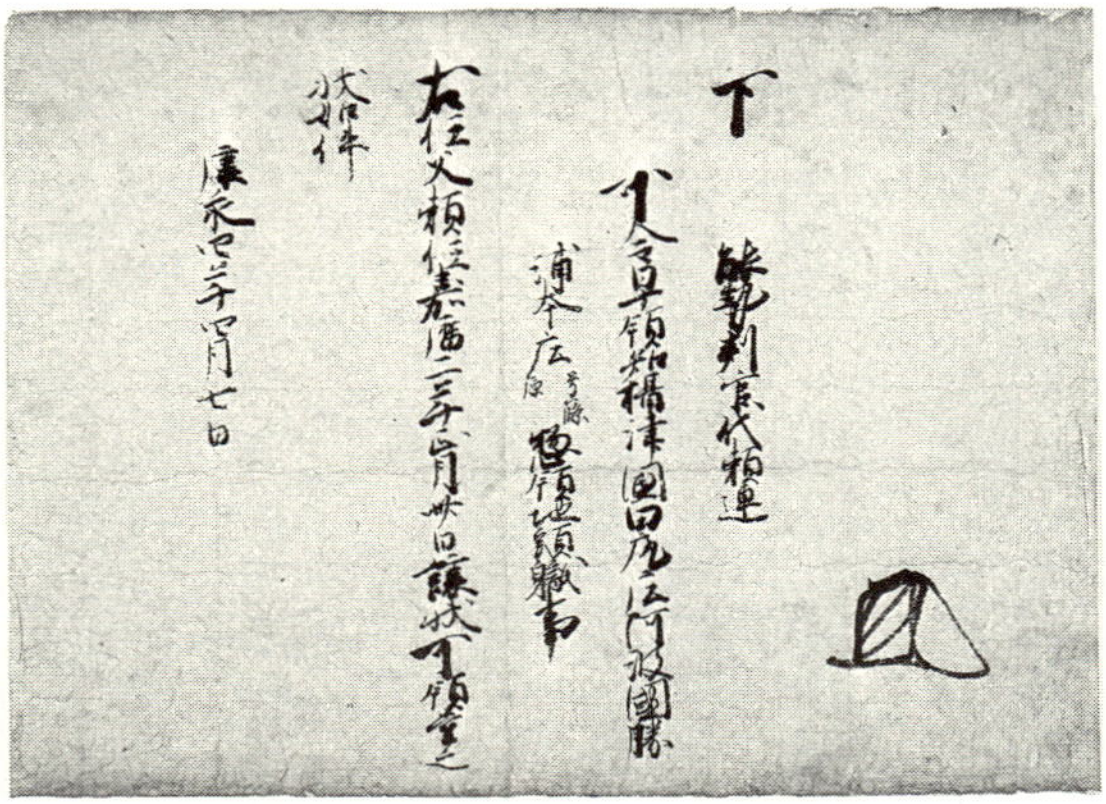

直義袖判下文（康永4年4月7日）
（真如寺所蔵能勢家文書／東京大学史料編纂所提供）

そしてこの頃から、直義下文の署判が袖判に変化するのである。

康永四年（一三四五）四月七日付足利直義袖判下文（摂津真如寺所蔵能勢家文書）

（足利直義）
（花押）

下　能勢判官代頼連

可レ令二早領知一摂津国田尻庄・阿波国勝浦本庄（号篠原）物領地頭職事

右、任二父頼任嘉暦二年正月卅日譲状一、可二領掌一之状如レ件、

康永四年四月七日

右に掲げたのが、直義袖判下文の初見文書である。

下文・下知状の様式変化および花押の変化

	下文	下知状	花押	変更の契機（推定）
建武三年（一三三六）一一月～建武五年（一三三八）八月頃	奥上「源朝臣（花押）」書止「以下」	奥上「源朝臣（花押）」	A	
建武五年（一三三八）八月頃～暦応四年（一三四一）一〇月	同右	同右	B	従四位上昇進 左兵衛督就任
暦応四年（一三四一）一〇月～康永三年（一三四四）九月頃	奥上「左兵衛督源朝臣（花押）」書止「以下」	奥上「左兵衛督源朝臣（花押）」	C	室町幕府追加法第七条制定
康永三年（一三四四）九月頃～	袖判 書止「以下」消滅	袖判（武士同士の相論のみ）	C	従三位昇進

（注）花押A・B・C（・D）の写真は、本書八二・八六・一五五頁に掲載されている。

能勢頼連に、嘉暦二年（一三二七）正月三〇日付父頼任譲状のとおりに、摂津国田尻荘・阿波国勝浦本荘惣領地頭職を安堵する内容である。これまた典型的な譲与安堵であるが、書止の「以下」も消滅し、少なくとも様式上は尊氏袖判下文と完全に同格になっている。直義の地位がいっそう上昇していることがよくわかる。

ただし直義袖判下文をすべて検討したわけではないが、袖判は尊氏袖判下文よりも下に据えられているようである。料紙の質も検討する必要があるが、尊氏文書と直義文書の格差は依然存在した模様である。なお直義裁許下知状も、武士同士の相論を扱ったものは袖判となった（康永三年九月一七日付、山城大徳寺文書など）。以上、直義下文・下知状様式の変化を表にまとめた。

ともあれ、幕府執事高師直との対立も一時的に小康状態となり、直義の親裁権強化も進行した。師直も貞和年間に武蔵守護となり、内談頭人就任に続いて開幕当初の権力を若干回復した。南朝との戦争も幕府優位に展開していた。

こうした状況において、直義は下知状を多数発給して寺社本所領の保全を基調とする保守的な政策を維持する一方で、安国寺・利生塔の建立といった宗教政策、和歌や『夢中問答集』の刊行といった文化事業、北朝光厳上皇との提携による徳政といった広範な政策を展開する。次章では、相対的安定期を中心に直義政治の概要を紹介しよう。

［補注］

最近、仁政方に関する私見に対し、山本康司氏による批判が公表された（同「南北朝期室町幕府の恩賞方と仁政方」『日本史研究』六四五、二〇一六年）。しかし、私見を訂正する必要はないと判断している。山本氏の御批判に対しては、別稿で回答する予定である。

第四章　直義主導下における幕府政治の展開

1　宗教政策・文化事業

直義の信仰

直義が深く信仰したのは、母方の実家上杉氏の影響も強く受け、臨済宗の中でも仏光派と呼ばれる宗派であった。これは、南宋から直輸入された純粋で非寛容な禅であった。その後直義は、天岸恵広《てんがんえこう》・古先印元《こせんいんげん》・竺仙梵僊《じくせんぼんせん》といった禅僧との親交を深め、やがて元の最先端の宗派である古林《くりん》派に深く傾倒していった。

また建武以前に鎌倉で仏光禅師無学祖元《むがくそげん》の頂相《ちんぞう》（肖像画）の前で受戒し、「恵源《えげん》」という法名も持っていた。こうした受戒を禅宗で「影前受衣」というそうであるが、もちろん本当に僧侶になったわけではない。

さらに紙数の都合で詳細は省略するが、紀伊国高野山金剛三昧院との先祖足利義氏以来の深い関係や仏舎利信仰・聖徳太子信仰も指摘されている。以上を予備知識として、直義が行った宗教政策や文化事業を以下紹介しよう。

安国寺・利生塔

安国寺・利生塔とは、建武の戦乱による戦没者の冥福を敵味方関係なく祈るため、臨済宗の高僧夢窓疎石の勧めで、日本全国六六カ国二島にそれぞれ一寺一塔の建立を進めた事業である。奈良時代、聖武天皇が各国に国分寺を建立した政策を模倣したと言われている。また、中国やインドに存在した類似の制度の影響も指摘されている。禅宗史の分野で詳細な研究が行われているので、その成果に学んで概要を紹介したい。

当初、安国寺は「六十六ヵ寺」、利生塔は「六十六基」または「一国一基之塔婆」と称され、建武四年（一三三七）という早い段階で建立が計画された。幕府の申請を受けて、康永四年（一三四五）二月六日付光厳上皇院宣によって安国寺・利生塔と改称された。

最初の利生塔は建武五年（一三三八）五月一七日に和泉国久米田寺に設置され（同年同月同日付直義御判御教書、和泉久米田寺文書）、安国寺第一号は暦応三年（一三四〇）五月一〇日に豊前国天目寺が指定された（同年同月同日付直義御判御教書案、豊前興国寺文書）。

宗派に関しては、安国寺は原則として五山派の禅宗に限定されていた。利生塔は禅宗・律宗が主体であるが、真言・天台などの旧仏教系寺院にも設置される場合があった。

安国寺・利生塔の設置を主導したのは直義である。直義は、各国の利生塔に勅願として仏舎利二粒（うち一粒は東寺が提供）を奉納することと「皇祚悠久、衆心悦怡、仏法紹隆、利益平等」の願意を宣言している（暦応二年（一三三九）八月一八日付直義御判御教書、和泉久米田寺文書など）。一方、尊氏は安国寺・利生塔に指定された寺院や塔婆に所領を寄進する役割に徹しており、後方支援にとどまっていたと評価される。

安国寺・利生塔は、五山派の地方への普及や同派以外の宗派の統制など、文化的・政治的意義が大きかったとされる。また安国寺は守護が開基となる例が多く、寺塔ともに守護の軍事拠点にもなった。そのため寺塔の存在は、その国が守護そして室町幕府の支配下にあることを示したとも評価されている。加えて近年では、幕府に味方した禅・律寺院や東寺に対する論功行賞の側面が存在したことも指摘されている。安国寺・利生塔の軍事的意義も看過してはならない。

天龍寺造営事業

暦応二年（一三三九）八月一六日、後醍醐天皇が大和国吉野で崩御した。南朝では皇太子義良《のりよし》親王が即位して後村上天皇となり、引き続き幕府との戦争を継続した。

尊氏は、遂に最後まで後醍醐と和解できなかった。彼の後悔の念や良心の呵責は甚大であったに違いない。後醍醐を罪人として処遇したい北朝の反対を押し切り、幕府は七日間の政務停止を強行した。

さらに尊氏は、夢窓疎石の勧めもあって後醍醐の冥福を祈るため、寺院を建立することを思い至った。早速高師直・細川和氏・後藤行重・安威資脩・諏訪円忠《すわえんちゅう》の五名が新寺院造営の奉行人に定められた。次いで新寺院の建立地は、京都嵯峨にあった亀山殿に決定した。亀山殿とは、後醍醐天皇の祖父亀山法皇の離宮である。

当初寺号は当時の年号にちなんで「霊亀山暦応資聖禅寺」とする予定であったが、(暦応四年(一三四一)七月二三日付光厳上皇院宣によって「霊亀山天龍資聖禅寺」に変更された。直義が亀山殿に金龍・銀龍が舞う夢を見たためであるという。

こうして始まった造営事業であるが、全国で南朝軍との激戦が続いていた時期でもあり、建立はきわめて難航した。財源として、尊氏は暦応三年に備後国三谷西条・日向国国富荘・阿波国那賀山荘・山城国物集女荘を相次いで天龍寺に寄進した。翌四年には、光厳上皇も木材を提供するために丹波国弓削荘を寄進した。しかし、これらの荘園も戦乱で疲弊していたために予定どおりの収入を確保できなかった。そこで北朝は靫負尉《ゆげいのじょう》の官途を一〇〇人分ばらまき、彼らに造営資金を提供させることで補ったが、それでもまだ不足していた。

そこで幕府は、元に貿易船を派遣して資金を集めることを計画した。鎌倉時代の建長寺船などの先例はすでに存在したが、倭寇事件もあって当時日元間の交易は中絶していた。しかも派遣に関して、北朝で反対意見が多くて計画は頓挫しかけた。

だが夢窓疎石が貿易船の派遣に賛成し、「智者」の判断で派遣することに決定した。この「智者」とは、直義を指すと考えられている。暦応四年一二月二三日、直義が御内書を発して翌年秋に二艘の天龍寺船を元に派遣することを命じた。

こうして何とか天龍寺の造営は進展した。暦応三年四月二一日に木作始、七月一三日に地曳、暦応五年(一三四二)三月二七日に礎始、七月二八日に木引、八月三日に立柱、一一月二二日には北朝による本尊釈迦三尊像の加持、一二月二日には上棟、同月五日には綱引・禄引の儀式が行われた。これらの儀式の多くに、尊氏・直義兄弟が参加したことは言うまでもない。康永二年（一三四三）八月頃には仏殿が完成し、光厳上皇が自ら上梁銘を書いた。康永三年（一三四四）九月一六日、光厳は天龍寺に参詣した。直義は、前日から同寺に滞在していたという。翌康永四年（一三四五）八月一六日の後醍醐天皇命日には、同寺で仏事が行われ、尊氏・直義も出席した。

天龍寺（京都市右京区嵯峨天龍寺芒ノ馬場町）

そして同月二九日、遂に天龍寺の落慶供養が盛大に開催された。この儀式には尊氏・直義以下要人が多数参加し、まさに安定した直義執政期の室町幕府を彩る一大イベントとなった。天龍寺の開基はもちろん足利尊氏。開山は夢窓疎石である。実際にはこの段階においても、仏殿・総門・山門などは未完成であったらしい。また、光厳上皇の臨幸は延暦寺の傲訴も辞さない強硬な反対に遭って中止された。だが、ともかく何とか寺院の体裁は整えたのである（以上、『天龍寺造営記』など）。

全盛期の天龍寺は、壮大な伽藍を誇る寺院であった。何度も被災して創建当初の姿は失われたが、それでも現代世界遺産に指定されているほどである。後醍醐の怨霊鎮魂という主目的以上に、尊氏がこの寺の建立にかけた情熱は常軌を逸している。

彼が後醍醐を心底から敬愛していたことが、ここからも判明するのである。

安国寺・利生塔の事業に比べると、執事高師直が奉行を務めて諸儀式にも出席するなど、天龍寺造営は尊氏が前面に出ている観がある。これはむろん、右に述べた尊氏の後醍醐に対する想いが大きく影響しているのであろう。

とは言え、直義も寺号の決定に意向を反映させたり、夢窓と協議して天龍寺船の派遣を主導するなど、幕政統括者として密接に関与している。直義は、天龍寺船の船長の人事まで決定していた（暦応四年）一二月二五日付御内書写、『天龍寺造営記』）。天龍寺造営は、尊氏・直義・夢窓三者の共同事業と見るべきである。

五山・十刹制度

五山とは南宋より移入した官寺制度で、朝廷や幕府が住職を任命する最高の格式を誇る禅宗寺院五寺のことである。末期鎌倉幕府が、鎌倉五山を定めたのに始まる。次いで、建武政権がこれを京都中心に改めた。

その後、直義主導の室町幕府が改めて五山を指定し直した。すなわち暦応四年五月一二日、幕府は禅院座位評定のための北朝光厳上皇院宣をあおぎ、同年八月二三日と翌暦応五年四月二三日の幕府評定で五山が決定されたのである。

京都では南禅寺・天龍寺・建仁寺・東福寺、鎌倉では建長寺・円覚寺・寿福寺の順で五山とされた（以上、『扶桑五山記』）。後に至徳三年（一三八〇）、将軍足利義満の時代に、京都五山は天龍寺・相国寺・建仁寺・東福寺・万寿寺となり、その上に南禅寺が別格として君臨する体制となった。

十刹とは、五山に次ぐ禅宗寺院の格式である。五山と同じく、暦応五年の評定で鎌倉の浄妙寺以下全国の禅宗寺院が指定された（『扶桑五山記』）。十刹も入れ替えがあったが定着した。

五山・十刹は幕府が禅宗を国教化し、それに手厚い保護を与えるもので、王朝に癒着した南都北嶺の旧仏教勢力に禅宗を対抗させる意図があったことが指摘されている。

寺社参詣

直義は、寺社参詣も精力的に行った。付表は、直義幕政主導期における直義の寺社参詣記録の一覧である。ただし天龍寺に関しては、康永四年八月二九日開催の落慶供養までの参詣についてはすでに紹介したので省略している。

ざっと見る限り、貞和二年（一三四六）・翌三年の参詣が非常に多い。特に貞和二年三月は、ほぼ参詣に費やしている観がある。典拠となった『賢俊僧正日記』が暦応五年前半・貞和二年・文和四年（一三五五）分しか残っていない史料的制約の問題を差し引いても、観応の擾乱以前においてはこの頃の幕府が最も安定していたことを反映していることは間違いないであろう。

寺院に関しては、禅宗系が圧倒的に多い。直義の禅宗信仰を反映していることは言うまでもない。唯一の例外は貞和二年三月一三日参詣の醍醐寺（真言宗）であるが、これは同寺の住持であった三宝院賢俊との密接な関係が背景にある。

賢俊は、備後国鞆在陣の尊氏に光厳上皇院宣を届けたことで知られる僧侶である。室町幕府発足後は尊氏・直義兄弟の護持僧を務め、醍醐寺座主・東寺長者・六条八幡宮別当などに任命されて栄華を誇った。観応の擾乱に際しては尊氏軍に従軍し、「将軍門跡」と称された。日野家の出身で、足利将

幕政主導期における直義寺社参詣

年月日	寺社名	備考	出典
暦応元年（一三三八）一〇月二二日	石清水八幡宮	高師直以下供奉	『石清水八幡宮寺建武炎上之記幷直義参詣之記』
暦応元年（一三三八）一一月七日	新熊野社		前田家所蔵文書
暦応二年（一三三九）八月二九日	南禅寺	尊氏に同行	『師守記』同日条
暦応三年（一三四〇）四月一三日	諸社		『師守記』同日条
暦応四年（一三四一）二月一〇日	六条八幡宮・石清水八幡宮	高師直以下三〇〇騎供奉	『師守記』同日条
暦応四年（一三四一）七月二日	南禅寺	尊氏に同行	『竺仙録』
康永二年（一三四三）一一月	万寿寺		『雪村和尚語録』
康永三年（一三四四）正月二八日	石清水八幡宮	尊氏に同行	『園太暦』前日条
康永三年（一三四四）五月一七日	新熊野社・稲荷社	高師直以下供奉	『師守記』同日条
康永四年（一三四五）四月一八日	六条八幡宮・祇園社・北野社・平野社・松尾社	高師直以下供奉	『師守記』同日条
康永四年（一三四五）八月三〇日	天龍寺	光厳上皇に供奉、尊氏に同行	『園太暦』同日条所引『師卿記』同日条

貞和二年(一三四六)正月二六日	石清水八幡宮・六条八幡宮	尊氏に同行	『賢俊僧正日記』同日条
貞和二年(一三四六)三月一日	天龍寺	高師直以下供奉	『賢俊僧正日記』同日条
貞和二年(一三四六)三月一三日	醍醐寺	高師直以下供奉	『賢俊僧正日記』同日条
貞和二年(一三四六)三月一七日	天龍寺	光厳上皇に供奉	『賢俊僧正日記』同日条
貞和二年(一三四六)三月二二日	安国寺	尊氏に同行	『賢俊僧正日記』同日条
貞和二年(一三四六)一一月一八日	天龍寺	尊氏に同行	『賢俊僧正日記』同日条
貞和三年(一三四七)正月二六日	石清水八幡宮	尊氏に同行、高師直以下供奉	『師守記』同日条
貞和三年(一三四七)二月三〇日	天龍寺	光厳上皇に供奉	『園太暦』同日条
貞和三年(一三四七)六月二八日	西芳寺	尊氏に同行	『師守記』同日条
貞和三年(一三四七)八月一二日	天龍寺		『天龍寺造営記』
貞和四年(一三四八)一二月八日	南禅寺		『広智国師語録』
貞和五年(一三四九)正月二五日	石清水八幡宮	尊氏に同行、高師直以下供奉	『師守記』同日条
貞和五年(一三四九)三月二六日	天龍寺・西芳寺	光明上皇に供奉、尊氏に同行	『園太暦』同日条
貞和五年(一三四九)四月二八日	新日吉社	尊氏に同行	『師守記』同日条

軍家と同家に婚姻関係が生じるきっかけともなった。

神社に関しては、石清水八幡宮に六回も参拝していることが目をひく。これはもちろん、八幡神が清和源氏＝足利氏の守護神であるからであろう。特に暦応元年（一三三八）一〇月二二日の参拝は、同年七月に執事高師直が放火して社殿以下をすべて焼亡させた直後のものである。師直の所行は、同地に籠城していた南朝春日顕信（北畠顕家弟）を攻撃するためにやむを得ず行った措置であるとは言え、やはり神を軽んじたことには変わりなく、直義の参拝は謝罪の意味を込めていたのではないだろうか。

その他、康永三年五月一七日の新熊野社および稲荷社参拝が、執事高師直以下幕府の有力武士を多数率いた大規模なものであったことも注目できる。

なお参詣ではないが、貞和二年一二月二九日には、夢のお告げによって直義は草子形の鏡一面を御神体として六条八幡宮に奉納している。粟飯原清胤《あいはらきよたね》が奉行を務め、鏡購入の費用一万疋獲得のために師直が太刀・刀を提供していることも興味深い（以上、『賢俊僧正日記』同日条）。

その他、賢俊等が直義のために行った仏教修法も膨大な種類や数にのぼり、紹介しきれないほどである。これらの仏事は、三条殿の北側に隣接する等持寺で行われた（『師守記』暦応二年（一三三九）九月一日条など）。

等持寺

暦応元年（一三三八）頃、直義はこの地にあった浄土宗浄華院を土御門室町に移転させた。そして、洛北にあった真言系の鳳凰山をここに移し、禅宗に改宗させて古先印元を開山とした。これが、等持《とうじ》院《いん》である。康永元年（一三四二）頃、諸山に指定されて官寺化し、寺号も等持寺と改めた。父足利貞氏や母上杉清子（康永元年一二月二三日死去）の命日に法華八講が毎年行われたことも、古くから注目されている。

すなわち、等持寺は三条殿の付属寺院であり、幕府の公的仏教行事や足利氏の私的仏事を行う官寺として位置づけられていたのである。

禅律方

禅律方とは、直義の管轄機関の一つで禅宗・律宗関係の訴訟を扱う部署である。建武四年にはすでに存在し、直義は禅律頭人に日野有範という貴族を登用した。

日野有範は、代々大学頭に任命された藤原南家の儒学者家系出身である。前代末期、父の藤範とともに鎌倉に下向して将軍に仕えた経歴がある。藤範は、『建武式目』の答申者にも選ばれている。有範は、康永三年五月一七日の直義新熊野参詣に供奉し（『師守記』同日条）、翌四年八月二九日には天龍寺供養御願文を起草している（『師守記』同日条）。天龍寺船の派遣について幕府や北朝で激しい議論が行われた際にも、派遣に唯一賛成した。直義の政治思想に大きな影響を与えたことで知られる。

直義はこの有範を禅律頭人に任命したわけであるが、後に正三位・式部大輔にまで昇進した身分の高い北朝廷臣を幕府の役職に就けるのは、非常に異例な人事であった。

直義執政期に、有範は約三〇通におよぶ禅律頭人奉書を発給し、禅律寺院の権益の保護に努めた。観応二年（一三五一）七月三〇日の直義北陸没落に際しても、彼に従っている。

以上、直義執政期における宗教政策を瞥見した。直義の宗教政策としては、他に第五章で触れる武《ぶ》家《け》五《ご》壇《だん》法《ほう》の創設も挙げることができる。活発な仏教振興政策が採られており、直義が仏教を篤く信仰し、その興隆に尽力したのは確かである。

しかし、「仏国土の理想郷を目指した」とまで評されると少々疑問符がつく。武士による寺社造営などの宗教事業は、古くは平安時代の奥州藤原氏や平氏に始まり、鎌倉幕府の歴代執権たちも数多くの著名な寺院を建立した。直義の政敵であった高師直も真如寺を建立したし、義満・義政といった直義死後の将軍たちもそれぞれ鹿苑寺《ろくおんじ》や慈照寺《じしょうじ》などを造営した。こうして俯瞰すると、直義の仏教政策は決して目新しいものではない。

中世日本の武将たちの中で、直義「だけ」が仏教王国の建設に邁進したとのイメージでとらえられると、誤解を生む怖れがある。大局的にはすべての武将がそれを目指していたのであり、直義もその文脈の中に正確に位置づけるべきだと考える。

和歌

尊氏・直義兄弟が和歌に堪能であったことはよく知られる。建武三年（一三三六）五月五日、戦争の真っ最中に備後国浄土寺に和歌を奉納したことも前述したとおりである。

そのため国文学を中心に直義の和歌の研究が進んでいる。康永・貞和年間には、直義は武家歌壇のリーダーで、その歌風は二条風に近い平明なものであったと評価されている。

所掲の表は、直義の詠歌が収録された勅撰その他の和歌集および入撰数の一覧である。参考までに尊氏詠歌の入撰数も記した。直義和歌の入撰数は、鎌倉末期から勅撰和歌集に入撰したほどの歌人であった尊氏にはおよばない。ただし生前に編纂された和歌集に限定すると、両者は拮抗しているよう

直義詠歌が収録された和歌集等一覧

完成時期	和歌集名	収録数	尊氏和歌収録数	備考
建武三年（一三三六）五月五日	観世音法楽和歌	七	七	備後浄土寺文書
建武三年（一三三六）九月一三日	尊氏以下五首和歌〈住吉宝前〉	五	五	
暦応二年（一三三九）一二月	春日社頭公武和歌	七	七	
康永三年（一三四四）一〇月	高野山金剛三昧院短冊和歌	一二	一二	
康永四年（一三四五）八月二五日以前	藤葉和歌集	五	七	
貞和五年（一三四九）二月	風雅和歌集	一〇	一六	勅撰
観応元年（一三五〇）四月二一ヵ	玄恵追悼詩歌	二	二	直義の勧進
観応元年（一三五〇）八月	二条為世一三回忌歌	二	二	
延文四年（一三五九）秋冬	草庵集	七	七八	
延文四年（一三五九）一二月	新千載和歌集	五	二二	勅撰
貞治三年（一三六四）一二月	新拾遺和歌集	四	一七	勅撰
至徳元年（一三八四）一二月	新後拾遺和歌集	二	一八	勅撰
永享一一年（一四三九）六月	新続古今和歌集	五	一二	勅撰

である。

兄尊氏の和歌は花鳥風月や恋を題材にしたものが多く、政治的な心情を詠んだものは存在しないという。弟に政務の大半を譲った事情が反映されているのであろう。

対して直義は政務の統括者であったことを反映して、政治に関する悩みを吐露したものが多いようである。特に民衆を思いやる歌が存在することが注目されている。

実は鎌倉時代までは、武士が政治を詠んだ歌が勅撰集に入撰したことは一切なかった。『風雅和歌集』に収録された直義の和歌が、その史上初の事例なのである。この和歌集は文字どおり光厳上皇が自ら編纂した点でも非常に異例であるが、光厳が先例に反して武士である直義の政治詠歌を撰んだことは、彼の直義への篤い信頼や北朝が幕府によって支えられている政治状況を反映していたことも指摘されている。

『新千載和歌集』に収録されている、筆者が好きな一首を紹介しよう。

うきながら　人のためとぞ　思はずは　何を世にふる　なぐさめにせん

「私は嫌々政治を行っているが、人のためと思うことで、生きる慰めにしよう」という意味である。

真摯に政道に携わっても守護の非法は後を絶たず、天変地異や戦乱も収まらない。程度の差こそあれ、古今東西の真面目な政治家に共通する悩みであろう。

ところで『新千載和歌集』では、次に引用する和歌も注目されている。

袖の色の　かはるときけば　旅衣　たちかへりても　猶ぞ露けき

これは、九州から東上した直義が京都に残した愛人に贈った和歌である。直義は謹厳実直な政治姿勢で知られ、長く実子にめぐまれなかったこともあり、『太平記』巻第二五でも「直義は他犯戒を持っているので、俗人では自分ほど禁戒を犯さない者はいないと思っているほど我慢の心が深い」と仲円僧正の霊に評されるほどの堅物であった。だが、少なくとも建武三年頃には愛人が存在したようである。一見意外だが、前述した直義本来の性格に鑑みれば、愛人の存在はさほど不自然ではないと思う。

直義の和歌で看過してはならないのは、やはり高野山金剛三昧院奉納和歌短冊であろう。これは康永三年一〇月八日に、直義が同寺に奉納した和歌短冊である。光厳上皇・尊氏・直義や執事高師直以下の幕府要人、頓阿《とんあ》・兼好・浄弁《じょうべん》・慶運《けいうん》の「和歌四天王」が詠歌を自筆で短冊に記し、それをつなげた裏に尊氏・直義・夢窓疎石の三人が写経し、末尾に直義が跋文を記している（『宝積経要品』。口絵参照）。元禄五年（一六九二）に加賀藩五代藩主前田綱紀《まえだつなのり》が入手し、現在は前田育徳会所蔵で国宝に指定されている。貴重な自筆史料で文化的価値が非常に高いのはもちろん、宗教政策としての意義も重視されている。また、直義が見た夢を契機として作成されたのも興味深い。

くわえて康永三年一二月一五日、越前守護斯波高経とそれぞれ和歌二首ずつを長門国忌宮《いみのみや》神社に奉納したことも注目できる。これは、建武政権と戦っていた建武三年二月に直義と高経が同神社に参拝し、祈願した戦勝が成就したことを祭神神功皇后に感謝するものであった（以上、長門忌宮神社文書）。

また直義は、配下の武士に和歌を贈ることもしていた。康永四年頃、鎌倉幕府・建武政権にも仕えた奉行人で、室町幕府では直義の腹心として活躍した太田時連《おおたときつら》が重病に罹ったとき、直義は陰陽道の泰山府君祭を行うように指示し、太刀を贈って和歌も添えた。その歌が、『新後拾遺和歌集』に収録されている。

また同年に畠山国氏《くにうじ》が奥州探題に任命され、父高国とともに奥州に下向した際、高国は三条殿を訪問し、直義の慰諭を受けて和歌を贈られている（『浄修坊雑日記』）。

和歌を人心収攬に利用するのは、他の武将にはあまり見られない直義独特の政治手法なのかもしれない。もっとも高国は、後年に勃発した観応の擾乱においては尊氏派として戦って戦死している。

しかしながら、本場の京都の貴族たちに比べると、直義の和歌はやはり素人だったようである。『風雅和歌集』編纂のときには、尊氏・直義ともに武家として史上最初に応製百首の詠進を命じられる栄誉を受けたが、二人とも提出が遅れて披講にも出席しなかった。しかも、自筆が原則である応製百首を上杉重能（尊氏）・同朝定（直義）が清書したこともすでに述べた（前掲『園太暦』貞和二年閏九月一〇日条）。これは、煩瑣な故実が負担であったためとされる。

三条殿の文化事業

直義の邸宅にして初期室町幕府の政庁であり、彼の称号ともなった下京の三条殿は、当該期の支配階級の文化サロンとしても機能していた。

三条殿の庭園には枯山水が造られ、撃蒙軒《ぎゃくもうけん》と名づけられた庵も建てられ、京都東山の風光明媚な景色を眺められるようになっていた。雪村友梅や夢窓疎石といった禅宗の高僧は、これを称える漢詩を直義に捧げている（『雪村和尚語録』など）。

そして、三条殿では文化的なイベントがたびたび開催された。康永三年（一三四四）四月二九日、将軍尊氏の臨席の下で蹴鞠が催された（『師守記』同日条）。貞和二年一〇月三日には、尊氏および僧侶や俗人を招いて詩歌会が行われた。この会では漢詩も詠まれたらしい（以上、『賢俊僧正日記』同日条）。貞和四年（一三四八）六月や翌五年六月にも連歌会が開催され、准勅撰の連歌集『菟玖波集』にも直義の連歌が数首入撰している。

なお、鎌倉幕府五代執権北条時頼が東福寺開山和尚円爾《えんに》に捧げた漢詩に感動して、直義が詠んだ漢詩が山城東福寺文書に残っている。これも、彼が北条氏の執権政治を理想とした証拠であろう。

『夢中問答集』

『夢中問答（集）』は、臨済禅に関する足利直義の疑問に、夢窓疎石が回答する形式をとった仏教書である。夢窓疎石も本書にすでに登場しているが、鎌倉後期～南北朝期に臨済宗の全盛期を築いた高僧である。北条貞時・後醍醐天皇・尊氏、そして直義など当該期の最高権力者たちの帰依を受け、前述の天龍寺の開山や南禅寺の住職などを務めた。

この書は、康永三年一〇月八日頃、直義側近の大高重成によって刊行された。しかし研究によると、

夢窓疎石（相国寺蔵）

制作自体は暦応元年頃より始まり、同四年以前にはすでに完成していた。翌康永元年九月一九日には、禅宗の高僧である竺仙梵僊の跋文が記されたが、この初版本は刊行された形跡がなく、康永三年一〇月になって竺仙の再跋が加えられた再版本が刊行された。

さて肝心の内容であるが、まず第一に、現実を直視して教義との矛盾を鋭く認識し、その解決を求める姿勢を直義が持っていたことが指摘されている。例えば、「仏は一切衆生の願いを叶えるというからには、衆生が祈らなくても楽を与えるべきであるのに、現実にはいかに祈っても願いが叶うことは稀であるが、それはなぜか」（第六段）などにその姿勢が見える。直義は、かなり論理的に思考する人間だったようである。

第二に、夢窓疎石の禅風に対する厳しい批判ともなっていることである。前述したように、直義が帰依したのは臨済宗の中でも仏光派と呼ばれる宗派であり、中国直輸入の純粋で非寛容な禅であった。

夢窓疎石も仏光派の禅僧だったが、彼は元々密教僧で天台宗も学んでいたこともあり、日本古来の密教が持つ祈禱・現世利益の考え方を容認し、これを積極的に取り入れた和風の禅を形成した。それが他宗からの転派者受け入れを容易にし、世俗世界からも絶大な支持を受け、臨済宗の興隆につながった。尊氏などは、こうした夢窓の姿勢に共感して深く傾倒していた。しかし、直義は不満を抱いていたようである。

特に幕政統括者として彼が発給していた寺社に対する祈禱命令は、祈禱の見返りに戦争の勝利等を求めるものであるから現世利益の最たるものであり、禅宗本来の教義とは相容れないものであった。直義はこの矛盾を真剣に悩んだらしく、『夢中問答集』が刊行された康永年間には、大した理由もないのに祈禱命令の発給頻度が一時激減しているという。

結果、直義の質問は舌鋒鋭く、夢窓疎石を厳しく批判するものとなった。おそらく、彼は夢窓の回答に満足しないことが多かったのではないか。また夢窓も、元弘以来の戦乱によって多数の戦死者が出ていることなどを挙げ、直義に厳しく苦言を呈している（第一七段）。しかし現実問題として、幕府の政権基盤を強化するために祈禱命令は必須である。結局、直義はふたたび祈禱命令を多数発給するようになった。

ともかく、南北朝時代の為政者が政治や宗教に真摯に取り組んでいたことが窺える書物として、『夢中問答集』はきわめて貴重であると言えよう。

『太平記』への干渉

あるとき、法勝寺の恵鎮上人が『太平記』三〇巻余りを等持寺に持参し、直義に見せた。直義が側近で『建武式目』の起草者の一人でもある学僧玄恵法印にチェックさせたところ、悪い記述や誤りが多数見つかったので、直義は改訂作業を命じた。

これは、今川了俊の『難太平記』に記されている比較的著名な所伝である。直義死後も改訂作業は続けられた。近年の研究では、『太平記』は最終的に足利義満期に完成した室町幕府の「正史」であ

った と評価されている。

しかし、『太平記』の直義評は概して低く、そして厳しい。一例を挙げれば、巻第三〇では直義が滅びた原因について、建武の第二次京都争奪戦において尊氏に偽りの告文を提出させて後醍醐天皇を欺いて講和したこと、護良親王と成良親王を殺害したことを挙げている（ただし、成良殺害が史実でないことはすでに述べた）。

直義に限らず、高師直も悪人として描かれ、根強い師直悪玉史観の根幹を形成したことも周知の事実である。そのため、『太平記』は南朝寄りの軍記物とするのが長らく定説であった。

結論を言えば、直義以下の足利氏が『太平記』を検閲したのは確かである。しかし比較的公平な態度に務め、自分たちに都合の悪いことでもかなりの部分を許容したと筆者は考えている。『梅松論』も足利氏寄りの史書であるが、惨めな敗戦も包み隠さず記述しているし、敵将の楠木正成を大絶賛していることでも知られる。足利氏の自分たちを美化しない、ありのままの姿を記録として残す姿勢も、もっと評価されてよいのではないかと思う。

神護寺への肖像画奉納

康永四年四月二三日、直義は山城国神護寺に願文を捧げた。そこに兄尊氏と自分の肖像画を奉納したことが記されている（写、宮内庁所蔵神護寺文書）。

これが、神護寺に現存する国宝の肖像画である。この肖像画の像主を源頼朝に比定するのが、かつては定説であった。しかし一九九五年に米倉迪夫氏が直義であるとする新説を発表し、黒田日出男氏によって継承・発展された。また新説は、従来平重盛とされていた同寺の肖像画を尊氏、藤原光能とされていたものを義詮に比定している。

米倉新説は学界内外に大きな衝撃を与え、歴史ファンの方もご存じの方が多いと思う。筆者も直義像主説を支持するものである。森茂暁氏の直義伝記にも詳しく紹介されているし、論拠の詳細はこれらの著書を参照していただきたい。

一点付け加えるとすれば、康永四年段階で尊氏兄弟の肖像画が神護寺に奉納された理由に関して、米倉氏と黒田氏の見解が異なる件について私見を述べたい。

米倉氏はこの段階の幕府を「まさにこの内乱終息期直後に位置する『暫しの平安期』」であり、「直義にとっては武士、政治家としての人生のなかで最も光輝いたとき」であるとする。すなわち内乱を克服して安定期に入った幕府が、その最高権力者の肖像を神護寺に奉納し、覇権確立を宣言してその永続を願ったと見る。

一方、黒田氏はすでに兄弟間の衝突は一触即発の状況にあったことを重視し、幕府が不安定で危機的な状況にあったことの裏返しと解釈する。

結論を先に言えば、筆者は米倉氏の見解を支持する。康永四年以前の段階で、足利兄弟が不仲であったとする史料的根拠は存在しない。執事高師直と直義が不和であった形跡は見られたが、それも一応は収まっていたこともすでに述べたとおりである。本書で今まで述べた経緯を見る限りでも、米倉氏のように解釈するのが自然なのではないだろうか。

ただし康永年間前後は政治的・軍事的には安定したが、一方では災害が続出していた。続出する天変地異による甚大な被害を憂えて、直義が願文および自身と兄の肖像画を奉納した可能性は存在するだろう。

森氏が述べるように、この肖像画の風貌は威厳があって自信に満ちあふれている。まさに室町幕府の最高権力者「三条殿」として幕政を牽引し、南朝を逼塞させて宗教事業や文化事業を広範に展開して意欲満々の政治を展開した頃の直義のイメージと一致する。芸術的な価値もきわめて高い肖像画を現代に残した、この時代の直義政治はもっと評価されてよいと思うのである。

2 公武徳政政策

光厳上皇との親しい関係

当該分野に関しては近年田中奈保氏による研究が登場したので、それに学びながら紹介したい。

直義と北朝光厳上皇が、政治的に親しい関係にあったことはよく知られている。暦応二年（一三三九）一二月一一日以降、直義は時折天皇の内裏や光厳上皇の御所を訪問し、直接政治交渉を行った（『師守記』同日条など）。特に正月の参院は、毎年の恒例行事となっていた模様である。また建武五年（一三三八）三月九日には、光厳が光明天皇とともに三条殿に臨幸したこともあった（『官務記』同日条など）。これは前日に幕府軍が摂津国天王寺で北畠顕家軍に敗北したため、不測の事態に備えたものと考えられている。

暦応五年（一三四二）正月頃、直義は発病した。一度は治ったが同月末から再発し、三宝院賢俊による五大虚空蔵護摩などの修法が行われた（以上、『賢俊僧正日記』同月一九日・三〇日条など）。このときの直義の病気は相当重かったらしく、『太平記』も項目を立てて特筆しているほどであるが（巻第二三）、そこに光厳上皇が石清水八幡宮に告文を納めて直義の回復を祈ったことが記されている。

ちなみに翌二月五日、高師直が執事奉書を大隅・薩摩守護島津貞久《さだひさ》宛に発給し、大隅・薩摩の地頭御家人が三条殿を見舞うことを禁止した（薩摩島津家文書）。これは古くから直義・師直両者の対立を示す兆候とされ、筆者もそう論じたことがある。

だが、そのように断定するには慎重にならざるを得ないようである。というのも、師直も正月二一日頃に罹病して一時面会謝絶となり、その際大勢の軍勢が洛中に集結して大騒動になったからである。三条殿訪問禁止は、その教訓を踏まえただけのことではないだろうか。なお時期的に見て、彼らが患ったのはインフルエンザだった可能性がある。

光厳上皇（常照皇寺蔵）

ともかく、直義と光厳が親しかったのは確かである。また前述したように、和歌の分野でも両者の信頼関係が存在したことが指摘されている。

康永三年（一三四四）九月二三日、この関係を理由として直義は従三位に昇進し、公卿に列したこともすでに述べた。

また光厳が天龍寺に行幸する際にも、直義は必ず従った。貞和三年（一三四七）二月三〇日の行幸における逸話が興味深い。一行は船上で管弦を楽しんだ後、花の下で改めて楽を奏することになり、光厳が琵琶を奏して洞院公賢が箏《そう》を演奏することとなった。公賢は指の怪我を理由に箏の演奏を直義に譲り、光厳も同意した。だが直義はこれを堅く辞退し、結局公賢が形ばかり演奏したのだという（『園太暦』同日条）。

武士としては当代一流の文化的教養を誇った直義であるが、さすがに本物の貴族である北朝廷臣が大勢並んでいる公式の席で演奏するのは気が引けたのであろう。前述の和歌の分野もそうであるが、公家社会を生きる知識や技量の面においては、やはり公家の儀礼を自ら積極的に習得・実践した後年の義満とは段階差が存在するのである。

貞和年間の徳政における公武提携

事実上の幕府のリーダー直義と治天の君として院政を敷いていた北朝のトップ光厳の提携を背景に、続出する災害による撫民を目的として貞和年間（一三四五〜五〇）を中心に幕府・北朝双方で広範に展開された政策が、徳政である。

すでにこれに先立つ康永元年（一三四二）五月八日、前関白一条経通が光厳上皇に六ヶ条の徳政策を進言した。同年七月頃には、幕府の要請によって北朝で沽価法《こかほう》（物価統制令）の審議が行われている。そして貞和二年（一三四六）一二月一五日、北朝で過差禁制が定められた。過差禁制とは、贅沢を禁止することである。

一方直義は、同年四月以降「天下政道以下興行」につき、神仏の加護を求めて比叡山・園城寺・東寺に命じて種々の修法を行わせた（『賢俊僧正日記』同月一二日条・五月一日条裏書など）。

徳政に関連する室町幕府追加法

制定時期	追加法番号	内　容
貞和二年(一三四六)二月五日	一五	故戦防戦法。自力救済による紛争解決を禁止。
貞和二年(一三四六)一二月一三日	二五	国司・領家に年貢を納めない所領に関する規定。
貞和二年(一三四六)一二月一三日	二六	諸国狼藉条々。故戦防戦法。自力救済による紛争解決を禁止。
貞和二年(一三四六)一二月一三日	二七	諸国狼藉条々。他人の所領に乱入し、非分の押領を致す輩に関する規定。
貞和二年(一三四六)一二月一三日	二八	諸国狼藉条々。苅田狼藉に関する規定。
貞和二年(一三四六)一二月一三日	二九	諸国狼藉条々。「一揆衆」と称して、濫妨を致す輩に関する規定。
貞和二年(一三四六)一二月一三日	三〇	諸国狼藉条々。山賊・海賊に関する規定。
貞和二年(一三四六)一二月一三日	三一	守護人非法条々。守護が大犯三ヶ条(＋苅田狼藉・使節遵行)以外に所務に干渉し、地頭御家人を煩わせることを禁止。
貞和二年(一三四六)一二月一三日	三二	守護人非法条々。守護が公役対捍・凶徒与同と称して、無根拠に所領を支配することを禁止。
貞和二年(一三四六)一二月一三日	三三	守護人非法条々。守護が被告や当知行人と結託し、下地遵行命令を難渋することを禁止。
貞和二年(一三四六)一二月一三日	三四	守護人非法条々。守護が原告・被告の所領を分取ったり、国中の闕所を押領することを禁止。

制定時期	追加法番号	内容
貞和二年(一三四六)一二月一三日	三五	守護人非法条々。守護が縁者の契約を行い、理のない者の味方をすることを禁止。
貞和二年(一三四六)一二月一三日	三六	守護人非法条々。守護が請所と称して、名字を他人に貸し、寺社本所領を知行させることを禁止。
貞和二年(一三四六)一二月一三日	三七	守護人非法条々。守護が国司・領家年貢譴納や仏神用催促を名目に、使者を所々に派遣して民家を追補することを禁止。
貞和二年(一三四六)一二月一三日	三八	守護人非法条々。守護が兵粮や借用と称して、土民の財産を奪うことを禁止。
貞和二年(一三四六)一二月一三日	三九	守護人非法条々。守護が他人の借用書を誘い取って、債務者に呵責を加えることを禁止。
貞和二年(一三四六)一二月一三日	四〇	守護人非法条々。守護が自身に課せられた諸税を一国の地頭御家人に分配することを禁止。
貞和二年(一三四六)一二月一三日	四一	守護人非法条々。守護の従者の狼藉によって、市店を衰退させることを禁止。
貞和二年(一三四六)一二月一三日	四二	守護人非法条々。守護が新たに関所を設置し、津料を徴収して旅行者を苦しめることを禁止。
貞和二年(一三四六)一二月～観応元年(一三五〇)二月	四四	倹約条々。臨時課役の賦課を禁止。

貞和二年（一三四六）一二月～観応元年（一三五〇）二月	四五	倹約条々。修理替物の頻度について、年二回から一回に減らすことを規定。
貞和二年（一三四六）一二月～観応元年（一三五〇）二月	四六	倹約条々。酒肴の量を制限し、華美すぎる容器も禁止。
貞和二年（一三四六）一二月～観応元年（一三五〇）二月	四七	倹約条々。正月祝の引出物について、甲冑・太刀等の「重物」を禁止し、銀剣以下の「軽物」に限定。
貞和二年（一三四六）一二月～観応元年（一三五〇）二月	四八	倹約条々。衣装について、公家新制の規定を遵守することを命令。
貞和二年（一三四六）一二月～観応元年（一三五〇）二月	四九	倹約条々。武具に関する規定。太刀・刀については先例を遵守し、鞍の装飾に金銀を使用することを禁止。
貞和二年（一三四六）一二月～観応元年（一三五〇）二月	五〇	倹約条々。少年の従者について、中間五人・舎人二人以内に制限。力者を従えることを禁止。

そして、これらと同時並行するように直義は追加法を次々と制定した。徳政に関連する幕府法令をまとめたのが、この表である。

貞和二年を中心に、膨大な数の追加法が立法されている。大別して三つに分けられ、一五・二五～三〇条は諸国の武士による荘園侵略や地域紛争を禁止する規定、三一～四二条は守護の非法を禁じる規定、そして四四～五〇条が倹約令である。質素倹約を宗とし、皇室・公家・寺社・伝統的地頭御家人の権益を保全する直義の政治姿勢が明確に打ち出された法令群であると評価できるであろう。

ただし、こうした公武の提携による徳政政策も前代鎌倉幕府の遺産であった。鎌倉時代の公武徳政として最も著名であるのは、弘安徳政である。弘安七年（一二八四）の得宗北条時宗の死去を契機として、幕府において安達泰盛の主導下にわずか一年半で九〇ヶ条以上の幕府法が制定される一方、亀山院政下の朝廷も種々の政治改革を断行した。

貞和の公武徳政は、弘安のそれとよく似ている。直義の政治は、とにかく保守的で先例を重視していたのである。

3　その他の治績

元寇に対する警戒

建武五年（一三三八）閏七月一日、直義は豊後・肥前守護大友氏泰と筑前・豊前・肥後・対馬守護少弐頼尚に「鎮西警固石築地」の修理を命じている（同年同月同日付直義御判御教書案、筑後大友文書）。

これは文永一一年（一二七四）の元による日本侵攻（元寇）の際、元軍の上陸を許して苦戦した鎌倉幕府が教訓を生かして九州諸国の守護に命じて同地の海岸に築かせた石塀のことである。現代では、「元寇防塁」と呼ばれている。この命令は元寇の恐怖がなお残存していたこととともに、国内政治にとどまらない直義の視野の広さも窺える。ただし、この直義御判御教書案は偽文書であるとする見解が近年出されている。

また、貞和二年（一三四六）一二月七日付で直義は九州探題一色直氏《いっしきなおうじ》に御判御教書と事書を送り、「異賊防御構以下事」について鎌倉期の先規を守って務めることを命じている（案文、薩摩入来院文書）。よって、元の侵攻を一応警戒していたことは確かである。しかし九州探題や九州の守護がこの命令を遵守したり、元寇防塁を修築した形跡は見られない。中央が対外防衛に関心を抱いていても、地方の現場ではそれが形骸化している状況が読み取れる。この点も、時代がすでに変わり始めていたのである。

妙法院（京都市東山区妙法院前側町）

佐々木導誉の流罪

暦応三年（一三四〇）一〇月六日、佐々木導誉《どうよ》による京都妙法院《みょうほういん》焼き討ち事件が起こる。

導誉の一族若党が京都郊外で小鷹狩を行った帰宅途中、東山の妙法院の前を通過したとき、南庭の紅葉の枝を折った。彼らは風流のつもりだったのであるが、この行為が妙法院の僧侶とのトラブルのきっかけとなり、院内に宿直していた比叡山延暦寺の山法師が多数出てきて、一行をさんざん打擲して外に追い出した。

妙法院は、延暦寺の別院。皇族や貴族の子弟が住職を務める門跡寺院であり、青蓮院・三千院と並んで「天台宗三門跡」と称される名門寺院であった。近江国にある延暦寺は同国を本拠地とする佐々木氏とは平安時代以来対立することも多く、この喧嘩にはそうした長い歴史的経緯も関係したらしい。

それはともかく、これを聞いた導誉は激怒した。自ら三〇〇騎の軍勢を率いて妙法院に押しかけ、火を放って全焼させてしまった。

事件の後、延暦寺の衆徒は佐々木導誉—秀綱《ひでつな》父子の身柄引き渡しを北朝に要求した。彼らの身柄を預かった後は、当然処刑するつもりである。

当時の妙法院門跡は、北朝の治天光厳上皇の弟亮性《りょうしょう》法親王であった。よって導誉を処分したいのは北朝も同じだったのであるが、導誉は前代鎌倉幕府以来の御家人で、建武の戦乱から尊氏の覇業に貢献を果たしてきた外様の有力武将であった。軽々しく処刑できる相手ではない。

そこで北朝は幕府に相談したのであるが、尊氏も直義も導誉をかばい、訴訟は遅延した。業を煮やした延暦寺は、平安以来の常套手段である傲訴をちらつかせて諸行事も中止した。

事件から二カ月経った一二月一三日、ようやく導誉父子の官位を削り、導誉を出羽国、秀綱を陸奥国に流罪とする決定がなされた。『太平記』は、配流先を上総国山辺郡とする。

出発の日、導誉の勢力圏である近江国国分寺まで若党三〇〇騎が従った。彼らは全員猿の皮をウツボ（矢を入れる道具）にかけ、同じく猿の皮の腰当をしていた。猿は、比叡山の神獣である。つまり、大寺院の権威を嘲弄したのである。また道中で頻繁に酒宴を催し、遊女も多数引き連れていた。流罪に処せられた罪人にはまったく見えず、物見遊山に出かける体であったという（以上、『中院一品記』同日条および『太平記』巻第二一など）。そして、彼らが本当に配流先まで赴いたのかも疑わしい。導誉は何食わぬ顔で、間もなく幕政に復帰している。

結局、直義は佐々木導誉の行為を消極的とは言え支持し、その処分をさんざん手抜きしたのである。これは一見、北朝や寺社本所の伝統的な権威を尊重する政策とは矛盾しているように見える。

しかし、室町幕府樹立の経緯を思い出していただきたい。後醍醐天皇の権威を軽んじて、建武政権に対する反乱を主導したのはいったい誰であったのか。当時の武士の多くが共有していたであろう皇室や宗教を軽視する姿勢は、実は直義も潜在的に持っていたと見るべきなのではないだろうか。直義の保守的な政策は、幕政を主導する立場上後天的に形成されたものと筆者には思えるのである。

塩冶高貞の討伐

暦応四年（一三四一）三月二四日、出雲・隠岐守護塩冶《えんや》高貞《たかさだ》が突然無断出京した。そのため、その夜大勢の武士が将軍尊氏と直義の邸宅に馳せ参じた。結局、伊賀守護桃井直常《もものいただつね》、丹後・伯耆守護山名時氏《やまなときうじ》以下が多数の軍勢を率いて高貞を追いかけた（以上、『師守記』翌日条）。

直義が二四日付で、「佐々木近江守高貞、企二陰謀一、所二逃下一也、不日可二誅伐一」と命じた軍勢催促状が数通残っている（出雲中沢文書など）。これはもちろん、室町幕府発足以降に完全掌握した軍事指揮権を行使したものである。二九日、高貞が播磨国影山で幕府軍に追いつかれ、自害したとの情報が京都にもたらされた（『師守記』同日条）。

『太平記』巻第二一では、塩冶高貞が京都を出たのは、幕府執事高師直が彼の美人妻に横恋慕してストーカー行為を繰り返した挙げ句、高貞の陰謀を捏造して将軍兄弟に讒言《ざんげん》したためであるとする。しかし別の機会にも論じたとおり、これは史実として認めがたいと筆者は考えている。

塩冶高貞は、近江国の宇多源氏佐々木氏の一族であった。佐々木導誉の遠い親戚である。塩冶氏は鎌倉時代から代々出雲守護を務めており、高貞も鎌倉最末期には出雲守護であった。しかし元弘三年(一三三三)閏二月、高貞は幕府を裏切って伯耆国船上山に籠城した後醍醐天皇の下に馳せ参じた。この功績で、高貞は建武政権において隠岐守護も兼任する。

しかし建武二年(一三三五)一二月一一日に行われた相模国箱根・竹ノ下の戦いにおいて、高貞は尊氏に寝返る。この経緯を見る限り、塩冶高貞は足利氏に心底から忠誠を誓う武士ではなかったようである。

また高貞の妻は早田宮真覚《さわだのみやしんがく》の娘であり、後醍醐天皇猶子で南朝の武将であった左中将源宗治《みなもとのむねはる》の兄妹だったとする説もある。南朝と非常に深い関係を持つ女性だったようだ。

事件が起きた暦応四年三月当時における全国の戦況を俯瞰すると、関東では北畠親房を総帥とする南朝軍が頑強な抵抗を続けていた。あまりの苦戦ぶりに、師直を「東国管領」として下向させる構想まであったことはすでに述べた。越前国においても、新田義貞は戦死したものの、南朝軍の勢いはなお盛んで同国守護斯波高経と一進一退の攻防を繰り広げていた。一歩間違えれば、幕府が滅亡する危険性は十分に存在したのである。

以上の状況証拠から、塩冶高貞が南朝に寝返ったのは十中八九真実であったと考えられる。この事件における師直の動向は一次史料からは窺えないが、執事としての立場上当然三条殿に参上し、直義に協力して高貞討伐の準備を行ったことは確実であろう。当たり前すぎることであるが、観応の擾乱勃発以前における直義と師直は、幕府の存立を脅かす危機に対しては協調して対処していたことは指摘しておきたい。

三条殿の火災　康永元年（一三四二）五月八日深夜、三条坊門高倉の直義邸が火災に遭った。中門から出火したのを能勢三位が発見し、佐々木近江次郎と河津《かわづ》了全が消火した。この三人は、すぐに褒賞されたという（以上、『師守記』同日条）。

二年後の康永三年（一三四四）二月二日にも、三条殿は被災した。暦応五年（一三四二）に直義が重病に陥った際と同様、今回も執事高師直は地頭御家人に見舞いに行くことを禁じた（以上、康永三年二月二日付執事高師直奉書、薩摩島津家文書など）。これも直義・師直両者の対立を示すとされてきたが、前述したように戦時でもないのに大勢の武士が京都に集まることによる混乱を防ぐ目的だったようだ。

このときの被害は大きかったらしく、直義は一時六角東洞院に移住した。同時期に光厳上皇も発病していたこともあって、北朝も業務を停止した。修理に際しては、一族や家臣の古屋を解体した木材を使用したという。当時内裏も造営されていたので北朝に遠慮した要素も大きいが、直義の倹約ぶりが窺える。翌康永四年（一三四五）二月二一日、直義は三条殿に戻った（以上、『園太暦』・『師守記』同日条)。

話は少し戻って、康永元年九月六日に美濃守護土岐頼遠《ときよりとお》の狼藉事件が起こった。前述の佐々木導誉の妙法院焼き討ち事件と並んで、この時代の空気を物語るものとして紹介されることが多い。本書でも概要を述べてみよう。

土岐頼遠の処刑

この日、京都東山の新日吉《いまひえ》神社で笠懸《かさがけ》を行い、大酒を飲んで深夜に帰宅途中であった土岐頼遠は、光厳上皇の行列に遭遇した。本来であれば下馬して行列が通り過ぎるまで平伏しなければならないのであるが、泥酔していた頼遠は「院と言うか、犬と言うか、犬であるなら射て落とそう」と叫んで上皇の牛車を取り囲み、さんざん矢を射かけた。牛をつなぐ縄は切れて首木も折れ、牛童や供奉していた貴族たちも皆散り散りに逃げ惑い、牛車には多数の矢が刺さって路上に転倒した。

後日、これを聞いた直義は激怒し、頼遠の処刑を命じた。怖れをなした頼遠は本国美濃に逃れて防衛を試みたが、直義が頼遠の甥土岐頼康《よりやす》以下の土岐一族に軍勢催促を行ったのでそれも不可能となった。

困窮した頼遠は京都に戻り、夢窓疎石を頼って直義に取りなしを依頼した。しかし、いかに夢窓の頼みといえども上皇に狼藉を働いた頼遠を許すわけにはいかない。

結局、直義は土岐氏の子孫の生命を保障することで夢窓と妥協し、頼遠を侍所頭人細川顕氏に引き渡し、六角壬生で斬首の刑に処した。一二月一日の出来事であった（以上、『太平記』巻第二三など）。

佐々木導誉と同様、土岐頼遠も外様の有力御家人で、尊氏の創業以来軍事的に絶大な貢献を果たしてきた武闘派の猛将であった。特に建武五年正月二八日、南朝北畠顕家の二度目の遠征軍を迎え撃った美濃国青野原《あおのがはら》の戦いでは、美濃守護として事実上の大将を務め、一時行方不明となるほどの敗戦となった。しかし顕家軍にも甚大な損害を与え、彼の上京を阻止して結果的に幕府の勝利に貢献した。これほど大功ある武将だったのに、なぜ導誉は許されて頼遠は許されなかったのか。

よくなされる説明は、頼遠の相手が室町幕府の正統性を保証している北朝の治天光厳上皇であったからとするものである。幕府存立のイデオロギーを破壊しかねない暴挙を行った頼遠は、絶対に許すわけにはいかない。対して導誉は、越えられない一線を心得ている聡明な武将であり、高度な政治的計算に基づいて行動したので許されたというのである。

だがすでに述べたように、導誉の相手も光厳上皇の実弟である。紙一重の差で、条件がそろえば導誉も頼遠と同じことをしでかした気がしてならない。「空気を読める導誉、脳が筋肉でできている頼遠」という図式は、実は結果論的解釈なのではないだろうか。

また頼遠の狼藉は、直義と高師直との対立にもよく関連づけて論じられる。頼遠を師直派として、直義との潜在的対立を見る視点である。しかし、この事件に際しての師直の動向は一切窺えない。

このような見解が出てくるのは、「木か金で天皇の人形を作り、生身の上皇や天皇は遠くに流してしまえ」と師直が放言したとする『太平記』巻第二六の所伝が真実とされるからである。しかし、これは妙吉なる僧が師直を失脚させるために捏造した讒言であると『太平記』自身が明言しており、信用に値する話ではない。

前項の塩冶高貞の事例を踏まえれば、このときも師直は直義と協調して頼遠退治を推進したと見るべきなのではないだろうか。頼遠の蛮行で被害を蒙るのは、幕府執事を務める師直も同様だったのである。

この時代の政治史は、結果論的解釈が蔓延している。室町幕府樹立等の史実はいったん忘れて、その時々における動向を冷静に見定める必要を痛感するのである。

足利基氏の学問始

康永三年六月一七日、直義の子息が学問始・深削《ふかそぎ》・着袴《ちゃっこ》・馬乗始・弓始の儀式を行った。この人物は尊氏の実子で（以上、『師守記』同日条）、足利基氏を指すと考えられている。

足利基氏は、暦応三年に尊氏の正妻赤橋登子を母として誕生した。同母兄に義詮がいる。この基氏が叔父直義の猶子となり、五歳となった康永三年のこの日、学問始などの儀式を行ったのである。ちなみに禅律頭人日野有範が、この学問始の師読を務めていることも興味深い。なお直義は尊氏の娘も養女としていたが、この娘は貞和三年（一三四七）一〇月一四日に五歳で死去した（『師守記』同日条）。

直義には、長らく実子が生まれなかった。それもあって、尊氏の子を何人か養っていたようである。基氏は、後の初代鎌倉公方である。観応の擾乱に際しては、実父尊氏と養父直義の板挟みとなって苦悩したが、それについては章を改めて述べたい。

東大寺の僋訴事件

康永三年八月一五日、伊賀国の悪党鎮圧が遅れていることを不満として、大和国東大寺の衆徒が東大寺八幡宮の神輿を奉じて入京し、侍所頭人仁木義長の軍勢と小競り合いを演じて五条大橋の上に神輿を遺棄する事件が起こった。翌日神輿が東寺に安置されるまで、直義は庭上に畳を敷き、その上に座って事態の収束を待ったという（以上、『師守記』同月一七日条頭書など）。

これもまた直義が伝統的な権威を怖れ、尊重していた事例として挙げられるものである。確かにその要素はあったのだろうが、かつて筑前国多々良浜で自身の直垂の右袖を尊氏に進上した逸話と同じものを筆者は感じる。パフォーマンス好きで、自己陶酔に陥りがちな本性も垣間見えるのである。

足利直冬を養子に

足利直冬《ただふゆ》は、嘉暦二年（一三二七）誕生と推定されている。若き日の尊氏が、越前局という女性の許へ忍び通ってできた子であるという。つまり直冬は尊氏の庶子であり、嫡子義詮より三歳年長ということになる。幼名は、「新熊野《いまくまの》」といったらしい。

幼少の頃の直冬は、鎌倉の東勝寺で喝食《かつじき》をしていた。この寺は、元弘三年（一三三三）五月に鎌倉幕府が滅亡した際、得宗北条高時以下一族二八三人と部下八七〇余人が自害した場所である。

ある程度成長した直冬は還俗して上京し、尊氏に子として認知してもらおうとした。しかし、尊氏は頑としてこれを認めなかった。仕方なく直冬は、独清軒玄恵法印という僧侶の許で勉強しながら侘び住まいしていた。

玄恵は、直義の頭脳的ブレーンである。直義の命令で、『太平記』の改訂作業を行ったことはすでに述べた。直冬の武将としての素質を見抜いた玄恵は、直義に彼を紹介した。直義自身が直冬を見定めて、見所があるなら尊氏に伝えることとした。だが、その後一～二年経っても尊氏は彼を承認しなかった（以上、『太平記』巻第二六）。

そこで直義は、彼を養子として、「直」の一字を与えて直冬と名乗らせた。直冬が上京して直義の養子となった時期は不明であるが、貞和年間（一三四五～五〇）の前半頃であることは間違いないであろう。やがて、この直冬の存在が大きな台風の目となってくるのであるが、それについては章を改めて述べたい。

如意王の誕生

直義の正妻は、足利一門の名門渋川貞頼《さだより》の娘である（『尊卑分脈』）。直義夫妻には、長らく実子がいなかった。

しかし貞和三年頃、渋川氏が懐妊していることが判明した。直義と夫人、ともに四一歳の出来事である。現代でも高齢の初産であるが、直義や支持者たちの喜びはきわめて大きかったに違いない。

同年二月九日、着帯の儀式が盛大に開催された（以上、『園太暦』同日条）。五月二五日には、直義は願文を水無瀬神宮や祇園社に納め、夫人の安産を祈った（摂津水無瀬宮文書など）。翌二六日、直義夫人は二条京極の吉良満義《きらみつよし》邸に渡り、ここを産所とした。直義も同行し、三日間逗留した（以上、『師守記』同日条頭書）。

そして六月八日、遂に待望の男児が誕生した。この日、直義は背中に腫れ物を患い、騒ぎとなった。また発熱も起こり産所を訪問できず、三条殿にとどまった（以上、『園太暦』同日条など）。出産の無事を願うあまり、発病したのであろう。

諸大名は直義嫡子誕生を祝って馬・太刀などを彼に贈り、光厳上皇も勅使を派遣し太刀を与えた。

また前権大納言勧修寺経顕（光厳上皇の執権）・同柳原資明《すけあき》・内大臣徳大寺公清といった公卿たちも、直接・間接に男児誕生を祝った（以上、『師守記』同日条など）。

将軍尊氏も、直義嫡子の誕生を喜んだ。八月二六日、尊氏は小早川貞平に御内書を発給し、貞平が若君誕生を慶賀する使者を派遣したことを感謝している（日本学士院所蔵『群鳥跡』）。

この男児は、「如意王」と命名された（観応二年（一三五一）四月八日付直義寄進状案、山城臨川寺重書案文）。近年、如意王の誕生を観応の擾乱と関連づける見解が出ている。しかし、筆者はこの見方には懐疑的である。

直義が、如意王の栄達を望んでいたことは確かであろう。しかし直義主導の幕政が一応順調に進展し、南朝との戦況も幕府優位に展開していた貞和三年頃の政治情勢に鑑みると、このまま進む限り如意王が優遇されることはほぼ確実だったのではないだろうか。三条殿の地位を継承する可能性が高かっただろうし、鎌倉府・九州探題といった広域地方統治機関の長に就任する道も存在しただろう。出家して、宗教界の重鎮になることもまた立派な選択肢である。直義が、あえて無理に事を起こす必要は存在しなかったのである。

唯一直義が野心を抱くとすれば、如意王を「将軍」にしようと考えた場合のみであろう。この場合は、尊氏―義詮父子を打倒する必然性が出てくる。

しかし後の政治行動を踏まえても、直義にそこまでの野心を看取するのは困難である。後述するように直義はあくまでも執事高師直の排除に全力を注いでおり、将軍尊氏に対しては一貫して消極的で無気力な態度に終始しているからである。後継者問題が幕府の内紛に影響を与えたとすれば、むしろ直冬の存在を重視するべきである。

大覚寺統邦省親王の立太子を阻止

貞和四年（一三四八）一〇月二七日、北朝で興仁《おきひと》親王（益仁が改名）が即位した。崇光天皇である。皇太子は直仁親王。直仁は、花園法皇皇子で光厳上皇の養子となった人物である。

実はこのとき、邦省《くにみ》親王なる皇族も皇太子に立候補している。邦省親王とは何者か。

ここでいったん話を鎌倉後期まで戻そう。そもそも南北朝内乱は、鎌倉後期に皇統が八九代後深草天皇と九〇代亀山天皇に分裂したことが大きな要因であった。前者が持明院統で後の北朝、後者が大覚寺統で後の南朝である。

両統は政治的にも経済的にも拮抗していたので、皇位をめぐる対立が長く続いた。そのため、結果的に両統から交互に天皇を出す形態となった。これを「両統迭立」という。

両統迭立は皇統分裂を固定化させる問題を孕んでいたが、より深刻な問題も内包していた。それぞれの皇統でも分裂が起こり、いっそう事態が複雑化することである。

内部分裂は、大覚寺統の方がより激しかった。九六代後醍醐天皇は九四代後二条天皇の弟で、本来大覚寺統においても傍流の出身であった。嫡流の後二条嫡子邦良親王が成人するまでの中継ぎの天皇で、後醍醐が即位した際、邦良が最初の皇太子であった。当然、両者の関係はあまりよくなかったようである。

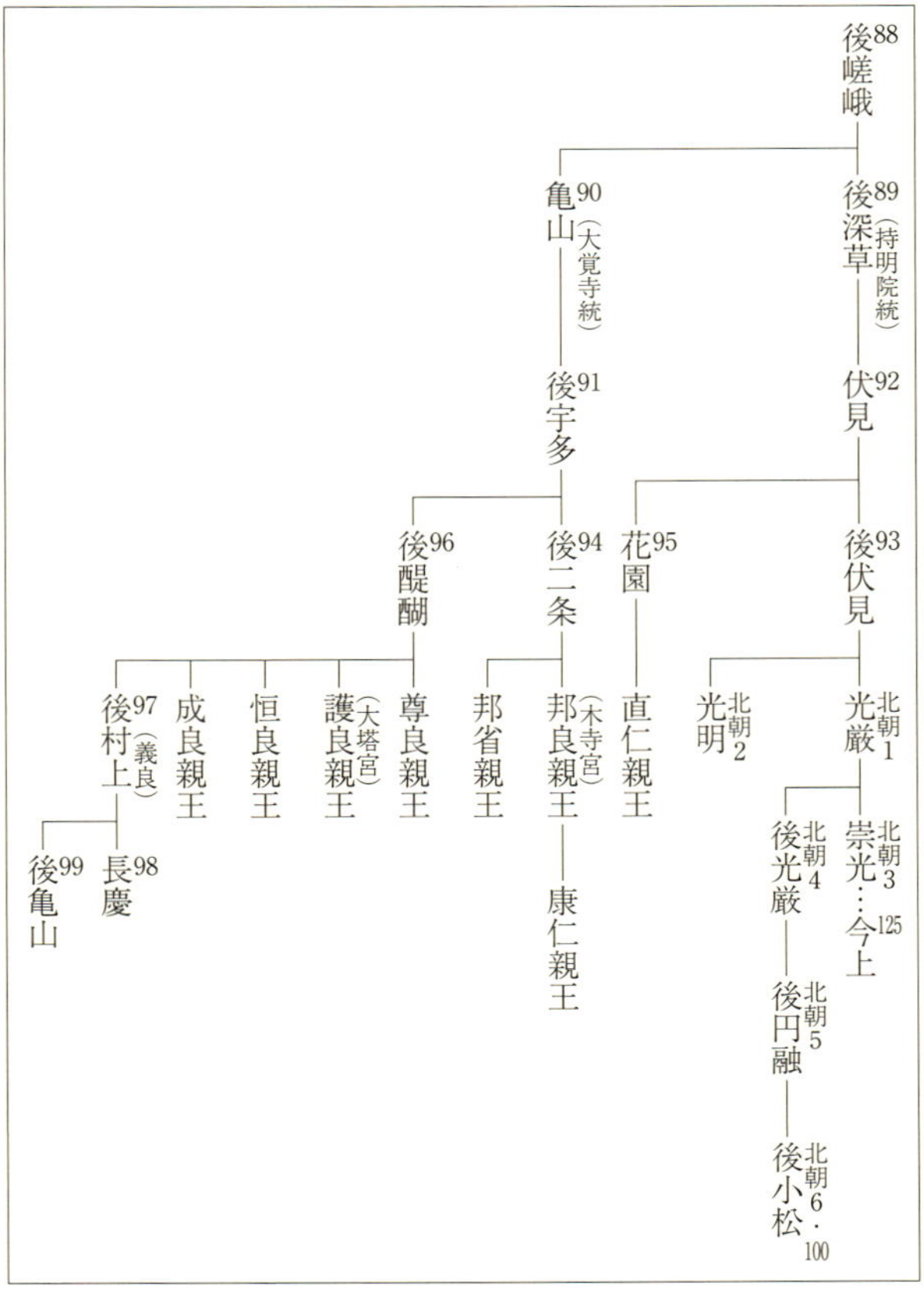

後嵯峨 88
後深草 89（持明院統）
亀山 90（大覚寺統）
後宇多 91
伏見 92
後伏見 93
後二条 94
花園 95
後醍醐 96
後村上 97（義良）
長慶 98
後亀山 99
尊良親王
護良親王（大塔宮）
恒良親王
成良親王
邦良親王（木寺宮）
邦省親王
康仁親王
直仁親王
光厳 北朝1
光明 北朝2
崇光 北朝3
今上 125
後光厳 北朝4
後円融 北朝5
後小松 北朝6・100

皇室略系図

嘉暦元年（一三二六）、邦良は二七歳の若さで死去した。後醍醐は後任の皇太子に自身の皇子である尊良親王を推薦したが、鎌倉幕府に却下され、持明院統の量仁親王（後の光厳天皇）が新皇太子に決定した。邦良の嫡子康仁親王、そして邦良の弟邦省親王といった大覚寺統嫡流の皇子たちも健在であり、いずれは退位に追い込まれて自分の子孫が天皇になれない可能性が非常に高かったことも、後醍醐が倒幕を決意した大きな原因とされている。

というわけで大覚寺統の中でも、傍流の後醍醐系と他の諸派は基本的に敵対関係にあった。後年後醍醐が吉野に亡命して南朝を発足させたときも、他の大覚寺統諸派は彼とは行動を共にせず、京都にとどまった。

邦省親王も、京都に残って皇統を平和的に大覚寺統に戻すことを目指していた。そして今回も、邦省は皇太子に立候補したのである。

しかし、上杉重能の策略で妨害されたという（応安二年（一三六九）一一月一三日付邦省親王置文、三条西家所蔵文書）。具体的にいかにして阻止したのかは不明であるが、直義側近の重能の行動は当然彼の意向に沿って行われたものであろう。

となると、直義が邦省の立太子を妨害した理由が問題となる。それはやはり、鎌倉後期の両統迭立を否定し、今後持明院統に皇統を統一させる意思の現れであろう。

北朝の皇統ではない邦省が皇太子に立候補するのは、結局は両統迭立の論理によるものである。これを認めると、皇統の分裂と拡散が無限に続き、第二・第三の後醍醐すら出現するかもしれない。直義は、弊害だらけの迭立の解消を図ったのではないだろうか。

直義の政治は北条義時・泰時の執権政治を理想とし、具体的には鎌倉後期の政治体制（と建武政権の権限分掌体制とを組み合わせたもの）を模範としていたことはすでに論じた。しかし、いかに保守的な直義といえども、鎌倉幕府の政策のすべてを継承したわけではない。両統迭立のように、有害無益と判断したものは廃止したのである。

第五章　観応の擾乱

1　高師直との激闘

貞和三年（一三四七）八月、楠木正成の遺児正行《まさつら》が河内国で挙兵した。これに対して幕府は、河内・和泉・讃岐守護細川顕氏や丹波・丹後・伯耆・隠岐守護山名時氏の討伐軍を派遣した。しかし彼らは、畿内各地の合戦で正行軍に大敗を喫した。

河内国四条畷の戦い

幕府は細川顕氏の河内・和泉守護を罷免し、高師泰に交代させた。顕氏が兼任していた侍所頭人も、仁木頼章《よりあき》となったと推定されている。また土佐守護も、細川皇海《こうかい》（顕氏弟）から高定信《じょうしん》（師直従兄弟）に交代したと考えられている。そして、執事高師直を正行討伐に出陣させることにした。

貞和四年（一三四八）正月五日、河内国四条畷《しじょうなわて》に進出した師直軍に楠木正行軍が挑んだのが、世に名高い四条畷の戦いである。この合戦で師直軍は圧勝し、正行・正時兄弟を見事に討ち取ることができた。

戦勝の勢いで師直軍は南朝の本拠地である吉野行宮に向かい、皇居以下の南朝施設をすべて焼き払った。後村上天皇は、さらに奥地の賀名生《あのう》に撤退した。総体的に見て、師直の戦果が甚大であったことは疑いようがない。

幕府にとってはいいことづくめに思えた四条畷の圧勝であるが、これが思わぬ災厄をもたらした。師直の幕閣内における勢威が急上昇した結果、権力のバランスが崩れて、康永以来小康状態だった直義と師直の対立が再燃したのである。

直冬の紀伊遠征

その頃、紀伊国で南朝が蜂起し、その勢いが強大となった。紀伊の南朝勢力を鎮圧し、幕府内部において師直派に巻き返しを図るためにも、直義は養子直冬を紀伊に遠征させることにした。直冬にとっては、これが初陣となる。

直義は光厳上皇の院宣を獲得し、直冬を従四位下・左兵衛佐に任命させ、貞和四年四月一六日付を初見として諸国の武士に直冬に従軍することを命じた（同年同月同日付直義軍勢催促状、下野宇野文書など）。

直冬も、京都祇園社や出雲杵築大社などに戦勝祈願を行った。そして五月二八日、遂に出陣した。まずは東寺に宿泊し、六月一八日に紀伊へ向けて出発した。

以降、直冬は約三カ月間にわたって、紀伊国内の各地で南朝軍と交戦した。特に八月八日・九日の合戦は、両軍ともに多数の死者を出す激戦であったようだ。直冬軍は最終的に日高郡まで侵入し、一応の戦略目標を達成して九月二八日に帰京の途についた。

この間、直義は直冬に加勢を命じる軍勢催促状を発給し続け（貞和四年六月二三日付、播磨安積文書など）、東寺・松尾社・恩徳院・桂宮院等に戦勝祈願の大般若経の転読を命じている（貞和四年八月一日付直義御判御教書、山城大通寺文書など）。直冬の紀伊遠征を支援する直義の並々ならぬ熱意が窺える。

この遠征が成功して、直義も大いに安心したことであろう。しかし、実父尊氏はまったく喜ばなかった。ようやく子として認知して尊氏邸への出仕は許したものの、その席次は仁木・細川といった家臣クラスと同列で、直冬の戦功を賞する言葉は一切なかった。

大高重成の失脚

直義・直冬が紀伊遠征に忙殺されている貞和四年六月頃、大高重成が将軍尊氏の怒りを買った。同月五日、幕府で評定が開催され、重成は所領をすべて没収された。重成が当時務めていた若狭守護も、この頃山名時氏に交代している。また幕府奉行人粟飯原清胤も尊氏を怒らせ、翌日から出勤を止められた。このため、幕府に動揺が走った。

大高重成もすでに本書に何度か登場したが、若狭守護・小侍所頭人などの要職を歴任し、『夢中問答集』を刊行するなど直義に近い武将であった。重成が尊氏を怒らせた具体的な理由は不明であるが、これも幕府内部の不協和音を反映していることは確かであろう。

上杉重能が発給した直義袖判下文施行状

次に掲げる直義袖判下文とその執行を命じる上杉重能施行状は、この時期の政治状況を考える上で示唆的である。

貞和四年（一三四八）九月一七日付足利直義袖判下文（豊後詫摩文書）
(足利直義)（花押）
下　菊池越前権守武宗
可レ令二早領知一肥後国六箇庄内小山村地頭職事
右人、依レ参二御方一、所二充行一也、如レ□(元)可二領掌一之状如レ件、
貞和四年九月十七日

貞和四年（一三四八）一〇月八日付内談頭人上杉重能施行状（豊後詫摩文書）
菊池越前権守武宗申、肥後国六ヶ庄内小山村地頭職事、任二去月十七日御下文一、可レ被二沙汰付一之状、依レ仰執達如レ件、
貞和四年十月八日　(上杉重能)伊豆守（花押）
(一色直氏)宮内少輔殿

先に掲げた史料は、菊池武宗の肥後国六箇荘内小山村地頭職を返付することを命じた直義袖判下文である。武宗は南朝方の武士だったのであるが、幕府に帰順したために（「依レ参二御方一」）、幕府が没収していた所領を返還されたのである。敵から味方に帰順した者の所領の半分もしくは三分の一を返還する慣習法を、当時「降参半分法」と称した。

このような返付系の所領給付は、不知行所領を充行う点においては恩賞充行に等しい。しかし元来

領有していた所領を承認する点においては、所領安堵の範疇に入る。言わば、充行と安堵の性質を両方持つ機能であるので、当の幕府自身が分類に悩み、しばしば区分を変更した形跡がある。南北朝初期においては、「参二御方一」系の下文は将軍尊氏が発給したものしか見られないので、充行と考えられていたようである。

ところが直冬が表舞台に登場して大高重成が失脚した貞和四年後半段階においては、直義が「参二御方一」系の下文を発給したのである。まずこれが従来見られなかった異様な点であるが、さらに施行状を発給して九州探題一色直氏にこの下文の執行を命じたのが内談頭人上杉重能である点は注目に値する。従来、下文の施行状を発給するのは、ほぼ一元的に執事高師直の役割だったからである。

要するに貞和四年後半に至って、「参二御方一」という所領安堵の要素が大きいものに限定しながらも、直義は尊氏の権限の一部を侵食し、しかも腹心の上杉重能にその施行状を発給させたのである。

だが右の下文と施行状が発給された直後、貞和四年一二月七日に同じ菊池武宗に宛てて出された「参二御方一」の袖判下文には、同年一二月二五日に高師直が施行状を出している（いずれも案文、豊後詫摩文書）。この下文は案文であるので尊氏・直義のいずれが発給したのか不明であるが（日付が七日であるところを見ると、直義の可能性が高いか）、幕府の制度が動揺していることは確かであろう。

以上の史実が物語るのは、第一に従来も指摘されているように、幕府内部の対立である。直義と師直の対立が、幕府の制度にまで影響を及ぼしているのである。

第二に、直義が施行状の有効性に気づいたことである。暦応四年（一三四一）に追加法第七条が制定されたときには、施行状そのものの廃止を意図していたと考えられる。しかし今回重能が発給した施行状は、様式も文言も完全に執事施行状と同一である。施行状を廃止するのではなく、発給する権限を奪って自派の勢力拡大に利用する。七条制定後の七年間で、直義の政策がこのように変化したことを看取できるのである。

内談頭人の改替

康永三年（一三四四）三月に、幕府はそれまでの五方制引付方を改め、三方制内談方を発足させ、直義の親裁権をいっそう強化した。この内談方の頭人に、高師直・上杉朝定・同重能の三人が就任した。以上については前述した。

以降、この三人で内談頭人奉書を発給したり、直義裁許下知状の審議を行ったりしてきた。しかし、貞和四年一〇月二五日付で仁木義氏（山城松尾神社文書）、同年一〇月三〇日付で石橋和義《いしばしまさよし》の奉書（筑後田代文書）が出現する。

上杉朝定奉書の最後の所見が貞和三年八月二八日付（山城醍醐寺三宝院文書）、高師直奉書のそれが貞和四年一〇月八日付案文（山城東寺百合文書を函）である。上杉重能は、貞和五年（一三四九）八月の師直クーデターまで多数の奉書を発給し続けている。

となると、貞和四年一〇月段階で高師直と上杉朝定が内談頭人を退任し、仁木義氏と石橋和義に交代したことになる。

仁木義氏は、仁木頼章・義長兄弟の弟である。頼章は高師直の死後執事に就任した人物であり、義長も著名な武断派武将で、両者とも生粋の尊氏—師直派であった。義氏も観応三年（一三五二）頃には、武蔵守護を兼任した兄頼章のもとで守護代を務めている。

石橋和義は斯波氏と同系統で、足利一門の中でも高い家柄を誇る。後述の貞和五年（一三四九）八月の師直クーデターに際しては、三条殿に馳せ参じている。しかし、観応の擾乱に際しては尊氏─師直に属して備前国を防衛し、当時九州在陣の直冬の東上に備えている。判断は難しいが、基本的に中間派と見なしてよいのではないか。

先に述べた直義下文と上杉重能施行状の発給とまさしく同時期であり、今回の内談頭人人事が直義と師直の確執が原因であることは間違いないであろう。しかし、明確に尊氏─師直派である仁木義氏が就任していることからも、必ずしも直義の勢力伸長ととらえることはできず、水面下において両派の熾烈な駆け引きが行われていたと考えられる。

直冬、「長門探題」として西国へ

やがて、直冬が西国に下向することが決定した。貞和五年四月七日、直冬は備後国浄土寺長老に御判御教書を発給し、西国下向による祈禱を依頼している。

そして同月一一日、直冬は西国に向けて出発した。備後・備中・安芸・周防・長門・出雲・因幡・伯耆の中国地方八カ国を統治することが彼の任務であった。そのため評定衆・奉行人以下多数の軍勢も彼に従った。直冬は備後国鞆に滞在し、最終的な目的地長門国に移動する準備を行った。

このときの直冬の立場を、「長門探題」と見る意見もある。これも鎌倉幕府が設置し、北条氏が就任した同名の機関がモデルである。鎌倉幕府の長門探題は、蒙古襲来を契機に設置され、北条氏の西国支配にそれなりに有効に機能した。

直義は、そうした前代の成功事例を踏襲し、直冬を通して西国に自派の勢力を扶植することをねらっていたのではないだろうか。直冬の西国下向は、結果的に観応の擾乱初期における直義派勝利に大きく貢献したのであるが、それについては後述しよう。

上杉重能・畠山直宗・僧妙吉の讒言

以上、四条畷の戦い以降における直義・師直の対立の兆候を紹介したわけであるが、率直に言って直義のやり方は相当陰湿であったと評価せざるを得ない。難敵楠木正行を倒して幕府の覇権確立に絶大な貢献を果たした上に、叛意をまったく示さない師直を表だって排除する論理が簡単に見つかるわけはない。土岐頼遠のように暴挙を行ってくれれば都合がいいが、師直は愚かではない。せいぜい豪邸を構えて、女遊びをする（?）程度である。

そのため直義は師直の権限の一部を奪ったり、内談頭人の人事異動を行ったり、直冬に梃子入れするなど迂遠な方法に終始せざるを得なかったのである。

『太平記』巻第二六には、直義の最側近である上杉重能と畠山直宗《ただむね》が、尊氏・直義兄弟に師直兄弟の悪行を讒言したことが記されている。しかし彼らの讒言の内容は、具体的には一切記されていない。当然、尊氏兄弟も彼らの讒言をまったく信用しなかったようである。所詮彼らの知能では、開幕以来幕府に最も貢献している師直を悪者に仕立て上げることは不可能だったのである。

そこでこの二人は、学問のある僧侶を利用することにした。それが、妙吉侍者という僧侶である。妙吉は夢窓疎石の兄弟弟子であり、その縁で直義に紹介され、直義の篤い崇敬を受けた。直義は京都の一条戻橋に寺を建てて妙吉を開基とし、ここに通って禅宗の勉強に努めた。この寺が大休寺《だいきゅうじ》で、後に直義の法名ともなった。

直義が妙吉に帰依したので、貴族や武士の尊敬も多く集め、大休寺前には車や馬が立ち並び、僧俗の人間が群集してお布施も莫大であったという。誇張はあるだろうが、幕府最大の権力者直義に重用された妙吉の羽振りがよかったのは確かであろう。

ところが高師直・師泰兄弟だけはなぜか妙吉をまったく尊重せず、大休寺前を通り過ぎるときは馬に乗ったままで、道で妙吉に会っても下馬せず、袈裟を蹴飛ばすような振る舞いで軽んじ続けた。妙吉がこれを不快に思っていることを知った上杉重能・畠山直宗は、彼に接近して親しくなった。そして、妙吉は師直兄弟の悪行を直義に言葉巧みに密告したという。寺社本所領押領の推奨や天皇を木か金の像にしてしまえと師直が放言したとされたのは、このときのことである。

これらの内容については別の機会に検討したことがあるが、『太平記』自身が「讒し申さるる」、すなわち「讒言」であると明言している。「讒言」とは、「事実を曲げたり、ありもしない事柄を作り上げたりして、その人のことを目上の人に悪く言うこと」である。すなわち妙吉が描写する師直の言動は、事実無根の濡れ衣であった可能性がきわめて高いのである。

しかし学問もあり弁舌も巧みな妙吉の讒言は、直義に十分な説得力を与えたらしい。と言うより、直義は妙吉を理論的支柱として、師直退治の大義名分をようやく得たと評した方が実態に近かったのではないだろうか。

と言えば聞こえはよいが、妙吉が行ったことは、軍事的にも政治的にも幕府に長年多大な貢献を果たした名将を陥れる最低最悪の行為である。曲学阿世の徒とは、まさにこういう坊主のことを言うのであろう。

特に「早く彼ら（師直兄弟）を討伐なさり、上杉・畠山を執権として、御幼稚の若御（如意王）に天下を掌握させようと思し召すお心はございませんでしょうか」と締めくくって直義をそそのかす場面などは、事実だとすれば師直兄弟が彼を軽蔑した理由が本当によくわかる気がする（以上、『太平記』巻第二六）。

直義が観応の擾乱を起こしたのはあくまでも師直排除が主目的であって、如意王を将軍にする意図はなかったと筆者は考えており、このような甘言で行動を起こしたとは見なしがたいが、それにしても妙吉の発言は最低である。高師直こそ、地位や学識などといった外見に惑わされずに、人間の本性を鋭く見抜く目を持っていたのである。

観応の擾乱の原因

とは言え、師直も完全無欠だったわけではない。これも別の機会に論じたことがあるが、将軍尊氏―執事師直が行っていた恩賞充行は、必ずしもすべての武士を満足させるものではなかったようである。

恩賞充行のように既存の秩序を変更する政策は複雑な利害がからむため、完全に遂行することは至難の業である。同一所領を複数の人間に与えてしまうなどのミスもどうしても生じるし、恩賞が適正であったとしても旧主の勢力が強かったりしてそれが実現するとは限らない。長期的に見ればそれなりの形に収束していくであろうが、短期間ですべての武士を完全に満足させることは限りなく不可能だったに違いない。

恩賞充行あるいは守護職補任から漏れ、師直に不満を持った武士たちが、直義の下に結集して彼を担ぎ出し、勢力伸長を図った。それが、足利直冬の処遇をめぐる問題（彼を排除したい尊氏―師直と有力武将として遇したい直義の対立）と密接に連動して内乱が勃発した。これが、観応の擾乱が起こった最大の理由であったと筆者は考えている。そういう意味では、師直にも突け込まれる隙があった。

ただし何度も述べるとおり、直義の政治は貴族や寺社の権益保護に重心が置かれており、必ずしも武士の利益とはなっていなかった点には留意する必要がある。直義の保守的な姿勢については、彼を支持する武士たちはどう考えていたのであろうか。

直義の保守的な姿勢は、所務沙汰を中核とする彼の権限によるものである。直義が尊氏―師直に代わって恩賞充行を行えば、彼は寺社本所を保護するのと同程度の熱意をもって、必ずや尊氏たちよりも適正に恩賞を分配するに違いない。おそらく彼らは、このように考えて直義を支持したのではないだろうか。

大多数の直義派の武士たちのこうした見方は、果たして正しかったのであろうか。彼らの期待に、直義は答えたのであろうか。その解答は、以降の歴史の展開が雄弁に物語る。

ともかく直義は師直の排除を遂に決断し、実行に移した。

高師直暗殺未遂事件

『太平記』巻第二七には、直義が師直暗殺を企てた記事が見える。『太平記』はその時期を明記していないが、状況的に貞和五年閏六月頃の出来事であったと考えられる。

これによれば、直義は上杉重能・畠山直宗に大高重成および幕府奉行人の粟飯原清胤・斎藤季基などを加え、師直暗殺の謀議を密かに練ったという。怪力を誇る重成と武芸に優れた宍戸朝重が直接手を下し、彼らが討ち損じたときに備えて一〇〇人以上の武士を隠し、三条殿に師直を呼んだ。

騙された師直は、三条殿に参上して一人で客殿に座っていた。絶体絶命のそのとき、なぜか粟飯原清胤が突然変心して師直に目配せをした。気配を察知した師直は、急いで一条今出川の自宅に逃げ帰った。その夜、粟飯原と斎藤が師直邸を訪問し、直義の謀略や上杉・畠山の陰謀を密告した。師直は自邸の周辺を配下の武士で固め、仮病を使って幕府への出仕を取りやめた。

『園太暦』貞和五年閏六月二日条には、「三条殿の周辺で騒動が起こっている。直義が付近の住宅を破壊したり差し押さえたりして、信頼できる部下を配置したという。そのため、大高重成や粟飯原清胤の住居も差し押さえられたとのことである。粟飯原は逐電したらしい。重成については、吉良満義邸に転居するように直義が命じたそうである。さまざまな説が飛び交って真相は不明である。だが、結局直義と師直が不和となり、合戦が勃発するとの情報によって、都の人間が大騒ぎして東西を奔走している。これもまた天魔の所行であろうか。またこの措置は、最近直義が帰依している僧妙吉の意見によったとのことである」と記されている。

『園太暦』の著者洞院公賢が述べるように詳細な状況は不明であるが、暗殺未遂後の師直の報復に備えて、直義が三条殿周辺の防御を強化したと解釈するのが最も自然なのではないだろうか。

ここで、重成と清胤の住居が差し押さえられているのが注目できる。清胤については、直義を裏切って師直派に転じたとする『太平記』の記述と一致するのが興味深い。重成の場合は、直義の命令で吉良満義邸に転居したとのことであるから、あくまでも戦略的な理由であったと考えられる。重成と満義は、以降も直義派として行動する。

また、ここで妙吉の名が出てくるのも頗る興味深い。翌三日には、妙吉が直義の使者として西国の直冬の許に下向したなどの風聞も流れた（『園太暦』翌日条）。

ともかく確実に言えるのは、観応の擾乱で先制攻撃を仕掛けたのは直義であることである。師直は直義に対して一切叛意を示していなかったし、挑発した気配さえも窺えない。これまでどおり忠実に業務に励んでいたら、突然直義が政争を仕掛けてきたので、仕方なく防衛の構えを取ったにすぎないのである。これは強調しておきたい。

執事罷免

閏六月七日には尊氏が三条殿を訪問し、先日の騒動について相談している（『園太暦』同日条）。そして同月一五日、遂に師直は執事を解任された。所領等も没収され、他人に充行われた模様である。一次史料では上杉重能の讒言によると記されているが（『師守記』同日条）、ともかく直義の攻勢が功を奏したのである。

二〇日には、高師世が後任の執事となる。高師世とは師泰の子息で、師直には甥にあたる人物である。

しかし『太平記』巻第二七によれば、当初直義は師泰を執事にするつもりだった気配がある。師直と比較して、軍事的才能には秀でても行政面における実務能力が劣る師泰は制御しやすいと見たのであろうか。義理とは言え、直義と血縁関係があることが配慮された可能性もある。また建武の戦乱においては、師泰は直義の副将軍として活動する傾向があった。現代の我々が想像する以上に、両者の関係は深かったのかもしれない。あるいは直義は師泰を自派に引き込むことによって、高一族の結束を乱そうとしたとも思われる。いわゆる「一本釣り」であるが、結局師泰はこれに乗らずに子の師世が新執事となった。

むしろ注目すべきは、このとき高師秋の名前がまったく挙がっていないことかもしれない。師秋はこの頃すでに直義派としての立場を鮮明にしていたと思われ、祖父師氏から譲り受けた足利家時の置文を献上するなどして、直義に接近を図っている（前掲無年号四月五日付足利直義御内書）。師直の従兄弟にあたり、父師行も鎌倉期には足利氏執事を務め、高一族嫡流に属して執事の最有力候補であった。にもかかわらず、候補に挙がった痕跡さえも残していないのである。

家柄によらない直義の実力主義についてもすでに述べたが、こういうところにもそれが窺える。ただし、今回直義は執事職の形骸化を目指していたのであるから、師秋のような野心にあふれた人物をかえって忌避した可能性も否定できず、その点は差し引いて考えた方がいいだろう。

上杉朝房の内談頭人・小侍所頭人就任

高師直の執事辞任は、他の幕府人事にも影響を及ぼした。辞任翌日の閏六月一六日には、上杉朝房と推定できる人物による下地沙汰付命令の案文（大和東大寺文書第二回採訪六）が残されている。すなわち上杉朝房は、師直の執事罷免前後に三方制内談頭人に就任したのである。もちろん彼は、直義派の武将である。

前任者は不明で、上杉重能以外の石橋和義・仁木義氏に可能性がある。師直の執事辞任によって直義派の勢力が伸張したことは確実であるので、尊氏―師直派の仁木義氏と交代した可能性が高いと思うが確証はない。

また朝房は、同時期に小侍所頭人も務めた。小侍所とは、常に将軍の身辺に仕えて日常生活を差配する役職である。鎌倉幕府では北条一門の有力者が任命される役職で、出世のための登竜門であった。彼はこの立場で、貞和五年八月一二日に高倉殿で開催される予定の弓場始《ゆばはじめ》に射手として参加することを島津忠兼《ただかね》に命じている。弓場始とは、将軍が配下の武士の賭弓《のりゆみ》を観覧する儀式である。「高倉殿」とは、将軍尊氏邸を指す。当時の尊氏邸は、内裏の南隣、土御門大路（北面）・東洞院大路（西面）・鷹司小路（南面）・高倉小路（東面）に囲まれた区画にあった。そのため、「土御門東洞院殿」とか「土御門高倉殿」などと称された。

高倉殿は同年三月一四日に火災に遭い、尊氏は高師直の一条今出川邸に居住していた。その修理が終わり、八月一〇日に尊氏が高倉殿に戻ったので、弓場始が開催されたのである。それはともかく、小侍所頭人を直義派の人物が務めていることも、直義の勢力伸長を反映している。

直義による施行状発給および直義花押の巨大化

新しく執事となった高師世であるが、執事としての活動の痕跡は一切残していない。それどころか、この時期には執事の最重要業務と言える施行状を直義が発給した事例まで知られるのである。

貞和五年（一三四九）七月一二日付足利直義施行状（長門忌宮神社文書）

長門国二宮太宮司国道申、同国富安名事、任二貞和二年十一月二日寄進状一、不日可レ被レ沙二-汰-
付下地於国道一之状如レ件、
貞和五年七月十二日　（花押）《（足利直義）》
左兵衛佐《（足利直冬）》殿

貞和二年（一三四六）一一月二日、将軍尊氏が長門国富安名を同国二宮社に寄進した。貞和四年一二月二六日、金子孫六と門司下総三郎入道にこの沙汰付を命じる執事高師直施行状が発給されたが、この命令は貫徹しなかったとおぼしく、翌年直義がふたたび施行状を出すことになったのである。

すでに述べたように貞和四年一〇月頃には、一部の直義袖判下文に限って内談頭人上杉重能が施行状を発給した。師直が失脚した今、すべての下文・寄進状の施行状を発給する権限を直義派が掌握したのである。本事例が直義自らの発給となったのは、宛所が長門探題足利直冬だったので身分上の問題が影響したためと考えられる。

この文書で看過できないのは、通常尊氏の寄進状は「御寄進状」と敬称をつけて呼ばれるのであるが、単に「寄進状」と「御」字がはずされていることである。直義の意識の上では、自己の地位は将軍尊氏にも並んだようである。

さらに興味深いのは、従来から多数の論者が指摘していることであるが、師直失脚を契機として直

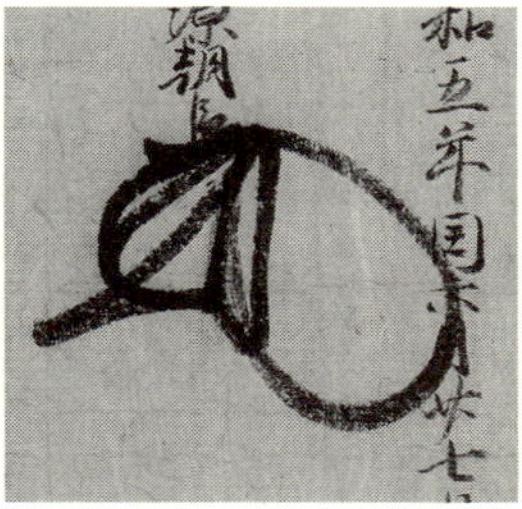

直義花押D
（貞和５年閏６月27日直義下知状）（東寺百合文書／京都府立総合資料館蔵）

義の花押が著しく巨大化したことである。本項で引用した直義施行状の花押も、もちろんこの巨大花押である。

花押の巨大化を、直義の自信の表れと見なす見解もある。しかし別の機会に述べたように、筆者には不安の裏返しで虚勢を張っているようにしか見えない。

閏六月三〇日に直義は自ら光厳上皇の御所に参上し、師直と須賀清秀を排除したことを報告した（以上、『園太暦』同日条）。その理由に政道が有名無実であることを挙げているが、そもそも有名無実の事態を招いたのは、師直に理不尽な抗争を仕掛けた直義ではないか。直義自身、「大して報告するほどのことではありませんが」と冒頭でわざわざ断ったことからも窺えるように、この院参は彼の内心の不安さを物語っているようでもある。

近年では、直義の花押の巨大化も如意王の存在と関連づける見解も出されている。しかし、筆者はこの説を採らない。これが師直の執事辞任と連動していることは、あまりにも明白である。

貞和五年八月の師直クーデター

理不尽な政争を仕掛けられておとなしくしている師直ではなかった。ここから、彼の反撃が始まる。本項の記述は、主に『太平記』巻第二七と『園太暦』に依拠した。

その頃、高師泰は河内国石川城に駐屯していた。前年正月の四条畷の戦いに勝利した後も南朝の残党が潜伏していたので、それを退治するためである。師泰は紀伊守護畠山国清《くにきよ》を石川城に呼び、河内・和泉の守護職を国清に譲って南朝掃討戦を任せ、自らは大軍を率いて京都に向かった。貞和五年八月九日、師泰は師直の一条今出川邸に入った。

同月一二日の宵には、大勢の武将が直義と師直の邸宅に馳せ参じ、旗幟を鮮明にした。『太平記』によれば、三条殿に参った武将は吉良満義・同満貞・石塔頼房・同頼直・石橋和義・同宣義・斯波高経・同氏経・同氏頼・荒河詮頼《あらかわあきより》・細川頼春・同顕氏・畠山直宗・上杉重能・同朝房・同朝定・長井広秀・和田宣茂・高師秋・千秋惟範・大高重成・宍戸朝重・二階堂行通・佐々木顕清・里見義宗・勝田助清・狩野下野三郎・薗田美作守・波多野下野守・同因幡守・禰津小次郎・和久四郎左衛門尉・斎藤利康・飯尾宏昭・須賀清秀・秋山朝政・島津四郎左衛門尉。以上七〇〇〇騎あまりであった。

このときのメンバーは、基本的に後の直義派を構成する原型となったと見なしてよい。吉良満義・上杉一族・畠山直宗・高師秋・大高重成など、今まで本書に登場した直義与党がきちんと控えている。だが『太平記』によれば、師直に属した武将の数がはるかに多く、兵力も五万騎以上であったという。例によって誇張があるとしても、師直軍が圧倒的に優勢であったことは確かだ。

翌一三日、将軍尊氏は非常に驚き、直義に使者を派遣し、修理したばかりの土御門東洞院の自邸へ避難するよう勧めた。直義はこの指示に従い、将軍邸へ移動した。これを見て師直に寝返った武士も多く、将軍兄弟の軍勢は一〇〇〇騎にも満たなくなった。

直義は光厳上皇へ使者（中条倫定他一名）を派遣し、師直を配流することを申し入れた。だが現実は師直の兵力が圧倒的で、逆に直義が形勢不利となって尊氏邸へ逃げ込む有様である。師直の流罪など実現不可能であることは、誰の目にも明らかだった。

八月一四日早朝、師直―師夏《もろなつ》父子は大軍を率いて法成寺河原に進出し、将軍御所の東北を十重二十重に包囲した。師泰は七〇〇〇騎あまりで西南からこれを囲んだ。師直軍が御所を焼き払う風聞も飛び交い、付近の住民は大混乱のうちに逃げた。将軍邸の北隣に接する内裏に住む崇光天皇も、光厳上皇の御所へ避難した。尊氏兄弟は最悪の場合は切腹も覚悟して、小具足ばかりの軽武装で待機した。一方、師直もさすがに主君を討つことはできず、両軍はにらみ合いを続けた。やがて尊氏は須賀清秀を使者として、師直と交渉した。

激怒した尊氏が討ち死にを口に出して直義がなだめる一幕もあったらしく、結局直義が引退して腹心の上杉重能・畠山直宗を流罪とすることで決着した。上杉朝定も信濃国に配流する構想があったらしいが、これは実現しなかった。師直は妙吉の身柄も要求しているが、すでに逃走していたという。また、当時関東地方を統治していた足利義詮を上京させ、三条殿の地位に就けることも決定した。

夜に入り、尊氏の軍勢は退去し、師直も一条今出川、直義も三条坊門の自宅に帰宅した。翌日、重能・直宗が配流先の越前国に出発した。彼らの部下の宿所は、師直に味方した武士に分配された。妙吉の従坊（大休寺ヵ）も破壊された。

師直の要求がほとんど実現している。彼の圧勝である。なお、このクーデターの黒幕は実は将軍尊氏であるとする噂が当時から流れており、それを支持する見解もある。だが、尊氏は師直挙兵という不測の事態に最善の対処をして、結果的に嫡子義詮に直義の地位を継承させるという最大の利益を得たと見るべきであろう。ここにもまた、結果論的解釈が潜んでいる。

師直の執事復帰と五方制引付方の復活

政変直後の八月二一日頃、高師直は執事に復帰した。執事施行状の発給も復活した。

二五日には三条殿で評定が開催され、師直も出席した（『園太暦』同日条）。これらは夢窓疎石の仲介によるとも言われたが（『園太暦』同月二一日条）、ともかく形式上は両者は和解したわけである。しかし、実際は直義派に対する圧迫が続いた。

まずは三方制内談方が廃止されて、康永以前の五方制引付方が復活した。薩摩新田神社文書には、このときの引付方の頭人・評定衆・奉行人を記した編成表が残されている。前欠文書であるため一番と二番の頭人は不明であるが、三番頭人は斯波家兼、四番は石橋和義、五番は佐々木導誉である。

斯波家兼は、斯波高経の弟である。兄高経が直義派として活動したのに対して、家兼は一貫して尊氏―師直派だったらしい。

石橋和義は、前述したように中間派と考えられる。あるいは和義の引付頭人就任は、直義が高師泰を執事にしようと目論んだのと同様、師直による直義派への一本釣りだったのかもしれない。

佐々木導誉については本書でもすでに登場しており、詳細な説明は不要であろう。生粋の尊氏―師直派である。

残る二人の頭人であるが、一人は長井高広であった（観応元年（一三五〇）四月一二日付引付頭人長井高広奉書、新潟県立歴史博物館所蔵越後文書宝翰集所収三浦和田文書）。彼は長井氏の庶流で、六波羅探題の評定衆を務めた家系であった。嫡流の長井広秀が鎌倉将軍府以来の直義派であるし、高広も後年の直義北陸没落に供奉していると推定できるので、直義派と考えてよいのではないだろうか。

もう一人は、仁木義氏である（貞和六年（一三五〇）二月四日付引付頭人仁木義氏奉書写、華頂要略門主伝補遺所収）。前述のごとく、貞和四～五年頃、内談頭人を務めていた人物である。

こうして見ると、全体的に尊氏―師直派もしくは中間派の進出が著しい。政変後の直義派の退潮を反映した人事と評価できるであろう。なお将軍尊氏の政所執事も、直義派の二階堂行珍から佐々木導誉に交代している。

上杉重能・畠山直宗の敗死と直冬の九州没落

次いで師直は、越前国に配流されていた上杉重能・畠山直宗を同国守護代八木光勝に殺害させた。あるいは土佐守護高定信（師直従兄弟）を越前に派遣して殺害させたともいう。彼らが殺害された日付は史料によって異なるが、貞和五年内であったことは確実である。

一方師直は備後国の杉原又四郎という武士に命じて、当時同国鞆に滞在していた直冬を攻撃させた。直冬は、肥後国へ没落した。九月一三日の出来事であった。

直冬攻撃も、もちろん師直による直義派圧迫の一環である。一〇月には高一族庶流の大平義尚が備後守護となっていることを確認でき、西国でも高一族の勢力が伸長したことが窺える。ただし直冬を九州に追いやったことは、結果的に後々師直に災厄をもたらす。

足利義詮の上京と三条殿継承

やがて八月クーデターの際に約束されたとおり、足利義詮が鎌倉から上洛してきた。一〇月二二日、義詮は河越・高坂以下東国の大名を多数率いて入京した。高師直以下京都在住の大名も近江国瀬田まで出迎えに参上し、そのまま義詮に扈従して帰京した。二五日、義詮は三条殿に移住し、直義が行っていた政務を執り始めた。このときも師直以下が付き従った。それまで直義の称号であった「三条殿」も、義詮を指す称号となった。また義詮は、「鎌倉殿」「鎌倉左馬頭殿」「鎌倉宰相中将殿」とも呼ばれた。

それまで直義が発給していた所務沙汰裁許の下知状は、義詮が発給するようになった。観応元年(一三五〇)三月二七日付以降、九通の義詮裁許下知状が知られる。また上皇の御所や皇居に参上して上皇・天皇と直接政治交渉を行う役割も、義詮が行うようになった。義詮は、幕政統括者としての直義の権限を完全に吸収したのである。

なお鎌倉には、義詮と交代する形で九月九日に弟基氏が下向した。兄とは対照的に、供奉の人数も少ないさびしい行列だったようである。

直義の出家

一方、直義は九月に左兵衛督を辞任した(『足利家官位記』など)。その後三条殿を出て、細川顕氏の錦小路堀川の宿所に転居し、顕氏と同居した(『建武三年以来記』□月二日条)。前年楠木正行に敗北し、河内・和泉守護と侍所頭人を罷免され、讃岐守護のみとなった顕氏は直義に接近したのである。

一二月八日、夢窓疎石を受戒師として、直義は遂に出家した(『師守記』同日条など)。法名を「恵源」「古山」と称した（『尊卑分脈』）。また、「錦小路殿」「錦小路禅門」などとも称された。前述したように直義は建武以前に鎌倉ですでに受戒していたので、厳密に言えばこれは再出家である。

直義の出家により、幕府は七日間政務を中止した。これは、北条貞時・高時出家の先例に倣ったものである。しかし北朝では、失脚した人物は先例と一致しないとして三日程度の停止にとどまったようである（以上、『園太暦』貞和五年一二月一一日条など）。

僧となった直義は錦小路殿の粗末な閑居に住み、彼を訪問する者も誰もいなかった。わずかに側近であった学僧玄恵法印のみが、師直の許可を得てたまに訪れ、異国本朝の物語を聞かせて慰めるのみであった。だが、やがて玄恵も高齢と病気のために、それが不可能となった（『太平記』巻第二七）。

失脚して人的交流が減少したのは事実だろうが、これはさすがに誇張が過ぎる。完全に孤立していたのであれば、後述するように京都を脱出して迅速に大勢力を築くことはできなかったであろう。現に観応元年三月二日に玄恵が死去した後、直義の勧進によって四月二一日頃に彼を追悼する歌集『玄恵追悼詩歌』が完成しているが、これこそ最低限の交流があった動かぬ証拠である。

なお、一二月から直義派上杉朝房が但馬守護を務めている。これも師直による直義派切り崩し工作であった可能性が指摘されている。しかし朝房は、翌観応元年七月までに但馬守護を今川頼貞と交代しており、後の擾乱に際しても直義派として活動している。結果的に、師直の一本釣りは失敗したようだ。

こうして見ると、貞和五年後半は尊氏―師直の思惑どおりに事が進んでいるように見える。だが、彼らには大きな懸念材料があった。先に九州に追い払った直冬の動向である。

直冬の猛威

直冬は肥後国人河尻幸俊の船に乗って、肥後国河尻津に上陸した。ここで西国の武士たちに軍勢催促を行った。さらに独自に下文を発給して恩賞充行を行い、御判御教書や申状への裏書によって所領安堵も行使した。これらを、尊氏に無断で行ったのである。

しかも直冬は軍勢催促を行う際、「両殿（尊氏・直義）の御意」と称し、尊氏の権威を利用する場合があった。内心では直冬を実子と認めない尊氏は、怒り心頭だっただろう。

当時九州では、一色道猷《どうゆう》（範氏《のりうじ》）―直氏父子が幕府から九州探題に任命され、九州を統治していた。一色氏も足利一門で、尊氏―師直派に属していた。だが、将軍の実子である直冬の血統のよさにはかなわない。貴種の権威を活用した直冬の勢力は日増しに増大し、道猷は探題本拠地の筑前国博多周辺へと追い詰められていった。

すでに一二月六日の段階で、京都では直冬が師直・師泰を倒すために攻め上ることを計画している噂が流れていた。侮りがたい勢力に成長していた模様である。

翌貞和六年（一三五〇）二月二七日、北朝は「観応」と改元した。しかし直冬はこの改元を認めず、貞和年号を使用し続けた。直冬勢力の猛威は増す一方であった。

そこで幕府は高師泰を大将とする遠征軍を派遣して、直冬を討伐することにした。師泰が京都を出発したのは、観応元年六月二一日であった。

師泰は九州に侵攻する前に、この頃直冬に従って石見国を制圧していた三隅兼連《みすみかねつら》を退治する作戦を立てていた。しかし師泰軍は非常に苦戦し、九州に上陸して直冬と対決する以前に、石見国さえ突破できずに後退する有様だった。

この間にも、九州の直冬の勢威は増す一方であった。九月二八日には、かつて筑前国多々良浜の戦いで尊氏に味方した筑前・豊前・対馬守護少弐頼尚までもが直冬方に転じた。『太平記』巻第二八には、直冬が頼尚の娘婿になったと記されている。少弐氏は鎌倉以来の九州の名族であり、外来の九州探題一色氏と潜在的に不和であった。情勢の変化を見て、直冬に寝返ったのである。さらに豊後守護大友氏泰も直冬方となり、氏泰の京都代官も逐電した。なお頼尚は直冬に味方した理由について、「京都からご命令を受けたため」と述べている。どうも事前に直義から内密の交渉があったらしい。

将軍尊氏の出陣と直義の京都脱出

ここに至って、将軍尊氏は自ら軍勢を率いて九州に遠征し、直接我が子を討つことを遂に決意した。これは、師直が尊氏に強く進言した結果であるようだ。一〇月二八日、尊氏は京都の守護を義詮に任せ、執事高師直以下を率いて出陣した。尊氏自らが出陣するのは、建武二年（一三三五）末以来、実に一五年ぶりのことである。

ところが出陣直前の二六日夜、出家して引退したはずの直義が京都を脱出した。これを知った仁木・細川ら尊氏―師直派の武将たちはただちに師直邸に参上し、出陣を延期して直義の行方を捜索することを進言した。だが師直は彼らの提案を拒否し、予定どおり出陣を強行した（以上、『太平記』巻第二八など）。あるいは直義捜索と出陣延期は師直が主張したが、尊氏が拒否したとする史料もある（『園太暦』同月二九日条）。いずれにせよ、結果的にこの判断が尊氏—師直の致命的なミスとなったのは間違いないだろう。

直義の南朝降伏

京都を出発した尊氏と師直は、一一月一九日に備前国福岡に到着し、ここにしばらく滞在して軍勢を集結することにした。

一方、直義は大和国に逃れ、越智伊賀守を頼り（『太平記』巻第二八）、師直・師泰の誅伐を命じる軍勢催促状を多数発給した（観応元年一一月三日付、筑後田代文書など）。

これに呼応して、尊氏—師直軍に従軍していた讃岐守護細川顕氏が離脱した（『園太暦』一一月一六日条）。前述したとおり、顕氏は失脚した直義を自邸に住ませた武将である。直義の叛意は当然承知していたのであろうが、尊氏—師直を欺くためにあえて従軍していたと思われる。尊氏—師直にとっては、軍勢を集結させるどころか有力武将に裏切られる始末である。

一一月一六日には佐々木導誉が尊氏の使者として北朝に参内し、直義追討の院宣発給等三ヶ条を要請した（『園太暦』同日条）。このような事態になっては、尊氏—師直も直義を無視することができなくなったのである。

なお『太平記』巻第二八には、直義が使者を京都に派遣して観応元年一〇月二五日付院宣を獲得したことが記されているが、これは史実として否定されている。院宣の文面は直冬宛であるが、この時

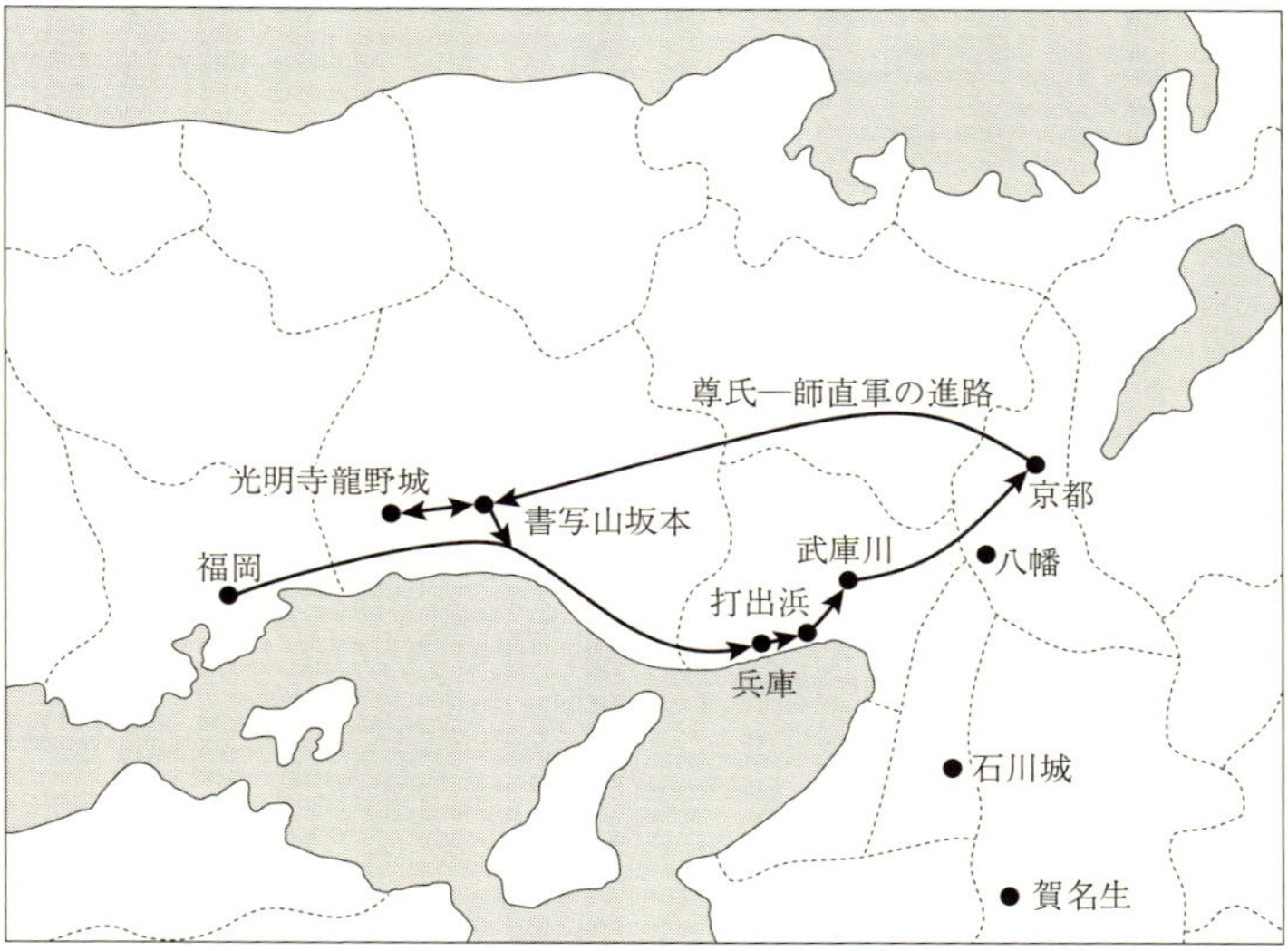

観応の擾乱第一幕関連地図

期の北朝が直冬に師直追討の院宣を発給したのも考えがたい。

一一月二一日、直義は畠山国清が守っていた河内国石川城へ入った（観応二年（一三五一）四月日付田代了賢軍忠状、筑後田代文書）。畠山国清は、当時河内・和泉・紀伊三カ国の守護を兼ねていた。非常に戦上手で「無弐の将軍方」と評され、かつて貞和五年八月に高師泰が師直を救援するために上洛した際、彼に代わって南朝を抑えていたことはすでに述べた。そのような武将が直義派に転じたのである。細川顕氏のように直義寄りであることが明確である武将と異なり、国清の変節は尊氏―師直にとっては想定外だったのではないだろうか。物理的にも精神的にも、大きな戦力の喪失である。

続いて直義が打ち出したサプライズが、南朝への降伏である。直義は南朝の権威を利用して、尊氏―師直に対抗しようとしたのである。

直義の降伏の申し出に対して、南朝では激論が交わされた。南朝にとって、建武政権に対する反乱を主導した直義は尊氏以上に許せない敵だったので、ただちに殺害するべきだとする強硬論も根強かったらしい。だがいったん降伏を受け入れて彼の勢力を糾合し、皇統を南朝に統一した上で逆賊を滅ぼすべきであるとする准后北畠親房の意見が受け入れられた（以上、『太平記』巻第二八）。

一一月二三日、直義が南朝に降伏したとの情報が京都にもたらされた（『園太暦』同日条）。いかに尊氏―師直に勝利するためとは言え、直義の南朝降伏は禁じ手を使ってしまった観がある。北朝の光厳上皇と長年培ってきた友好関係は、いったい何だったのであろうか。すべてが空しく、馬鹿馬鹿しい。

以前にも、塩冶高貞など南朝に寝返る武将は存在した。しかし、事実上の室町幕府の最高権力者であった直義までもが南朝に転じた衝撃はやはり大きかったであろう。

以降の幕府では、権力抗争に敗北した武将が南朝方に転じる事例が続出し、それが南北朝内乱を長期化させる一因ともなったのであるが、直義がその一大契機だったことは否めない。その点において、直義はパンドラの箱を開けてしまったのである。

石清水八幡宮へ進出

直義が南朝に降伏したことにより、楠木・和田といった大和・河内・和泉・紀伊の南朝方武士が続々と彼の許に馳せ参じた（『太平記』巻第二九）。一一月二九日に京都に達した情報によると、直義は使者を尊氏の許へ送り、師直・師泰の身柄を引き渡すように要求した。激怒した師直は、使者を務めた律僧を京都へ送還し、侍所頭人仁木頼章の許に抑留させた。この頃直義は河内国都智城に滞在し、細川顕氏と協議し、顕氏が河内に来るか直義が讃岐に行くかを議論していたらしい（以上、『園太暦』同日条）。

一二月七日、直義派の伊勢守護石塔頼房が山城国石清水八幡宮（八幡）に入城した。石塔軍の兵力は一万人に達し、さらに赤井河原まで進出したため、佐々木導誉・仁木義長が発向した（『園太暦』同日条など）。

石清水八幡宮（京都府八幡市八幡高坊）

一三日には直義の降伏を正式に許可する南朝後村上天皇綸旨が発給され、直義は一七日に請文を提出している（『房玄法印記』観応二年（一三五一）正月四日・九日条）。

そして一二月二一日、直義自身も畠山国清に擁せられて石川城を出発し、摂津国天王寺を経由して、翌観応二年（一三五一）正月七日に八幡入りした（以上、『房玄法印記』同年同月六日条・八日条など）。この間、北朝前関白近衛基嗣《もとつぐ》の弟実相院新僧正静深のような高僧や、六条輔氏・吉田守房といった公家までが直義の許に赴いた（『園太暦』観応元年一二月二六日条）。

この少し前の観応二年正月四日には、直義派の越中守護桃井直常が北陸の軍勢を率いて近江国坂本までせまっていた。このような情勢を見て当時京都の義詮に属していた斯波高経は、観応二年正月一〇日に二階堂行諲・同行珍等とともに京都を脱出し、八幡の直義の許へ奔った（『園太暦』同日条など）。一二日には上杉朝定・朝房・今川範国も京都から八幡へ寝返ったので、義詮は彼らの邸宅を破壊した（『園太暦』翌日条など）。一四日には須賀清秀が八幡に奔ろうとしたので、義詮の軍勢が清秀邸を襲撃した（『園太暦』同日条）。前述したように清秀は、貞和五年閏六月三〇日の段階では直義が院に参った際、師直とともに名を挙げたほどの師直派であった。そんな人物までもが今はこの有様である。

こうして見ると、一口に直義派と言っても細川顕氏・桃井直常・石塔頼房といった最右翼は別として、大半が畠山国清が転身してから彼に同調したものであることに気づく。特に強力な直義与党と評価されることが多い上杉朝定・朝房が立場を明確にした時期が、かなり遅いことには注目すべきであろう。

結局一部を除き、大半の武将は将軍である尊氏に当初従っていたのであるが、情勢の変化を見てから直義に寝返ったというのが実情だったのであろう。こういうところからも、両派の派閥構成が明確に異なるとする定説は再検討の余地があることが窺える。

消極的な直義

直義には何もできないと軽視していたら、南朝と手を組むというまったく考えられないことをされてしまった。そして石清水八幡宮という戦略上の要地を占領され、寝返る武将も続出して大勢力となってしまった。尊氏は、直冬討伐どころではなくなった。すでに観応元年一二月二九日、尊氏―師直軍は帰京するために備前国福岡から反転していた。彼らは八幡を攻撃する構想を持っていたらしいが、後述するように義詮救援を優先したため、結果的にそれは実現しなかった。

観応二年正月一五日早朝、遂に義詮は京都防衛を断念して脱出した。同日昼頃、桃井直常が義詮と入れ替わるように入京した。下総守護千葉氏胤《ちばうじたね》は、このとき義詮を見限って八幡へ向かった（以上、『園太暦』同日条）。

義詮は現在の京都府向日市付近で尊氏―師直軍と合流し、反撃に転じた。一五日のうちに尊氏軍は、尊氏・義詮・佐々木導誉の三方に分かれて京都に突入して桃井軍と戦った。両軍は終日激しい戦闘を繰り広げたが、尊氏軍がかろうじて勝利し、桃井軍は関山へ撤退した（以上、『園太暦』同日条など）。

ここで注目できるのは、このとき石清水八幡宮に在陣していた直義が、まったく何もしていないことである。京都へ戻る尊氏軍は、石清水のすぐそばを通過した。間には淀川が流れているだけである。尊氏軍の側面を突いてもいいだろうし、通過してから追撃し、桃井軍と挟撃する作戦も有力だっただろう。しかし、直義はいずれの選択肢も採用していないのである。わずかに細川顕氏の軍勢が、尊氏軍を追跡した程度である（『園太暦』正月一一日条）。

直義の消極性は、戦略だけにとどまらない。擾乱の最中、直義は恩賞充行を一切行っていない。それらしき下文写は一通存在するが、これは様式や花押の形状に問題があり、再検討の余地があるものである。直冬でさえ恩賞充行を広範に行っているのに、直義は味方に対して利益をまったく与えていないのである。

かろうじて、河野通盛に伊予守護職補任と本領安堵を約束した御判御教書が存在し（観応元年）一二月二四日付写、築山本河野家譜）、これは尊氏の守護職補任権を侵害したものと解されている。しかし、これは師直・師泰の誅伐を見返りとした約束であり、厳密には正式な補任権行使とは認めがたい。

一方尊氏は、比較的多数の恩賞充行袖判下文を発給している。義詮が発給した事例も存在する。高師直による執事施行状も、観応元年末までは確認できる。劣勢の戦況だったため多くは空手形だったろうが、それでも直義との意欲の違いは歴然としている。結局は、この差が尊氏に最終的な勝利をもたらしたと考えられるのである。

花押からも、直義のやる気のなさが窺える。貞和五年八月クーデターで失脚して以降、直義は文書を発給しなかった。観応元年一〇月末に京都を脱出してから、ふたたび文書を発給し始めた。これに直義が据えた花押は、前述の巨大花押（Dタイプ）が縮小し、暦応四年頃から貞和五年五月頃までに使用していたもの（Cタイプ）に戻ってしまっている。

しかも、単に戻っただけではない。「しかしよくみると、バランスが崩れており、ひ弱な感じがする。これはたんに花押だけではない。文書全体に生気が感じられない。何となく弱々しい」と、足利氏の花押を網羅的に精査した上島有氏に評価されている。

近年登場した説のように、嫡子如意王誕生による野心で直義が観応の擾乱を起こしたのだとすれば、巨大花押を元に戻す必要などないし、まして花押も文書も弱々しくなるはずはない。こういうところからも、筆者はこの説には疑問を感じるのである。

結局、貞和五年八月のクーデターで失脚して以来、直義は政治に対する情熱を失ったのではないだろうか。少なくとも、実兄尊氏を本気で討つ気は毛頭なかったと思われるのである。この時期に彼が発給した多数の軍勢催促状がすべて師直・師泰誅伐を名目とするものであり、尊氏の名を一切出していない点もそれを裏づける。南朝への降伏も八幡への進出も、部下の進言にただ従っていただけのような気がしてならない。

読者は、こうした消極的な姿勢に既視感を持たれないだろうか。そう、かつて建武の戦乱で、尊氏が後醍醐天皇に対して取っていた姿勢とそっくりなのである。思えば直義が強引な政略を積み重ねたのもすべては兄の尊氏を将軍にするためであり、尊氏のためを考えてのことであった。その尊氏と心ならずも戦う羽目となり、すべてを投げ出したい気分になっていたと筆者は想像するのである。

直義、勝勢に

桃井直常との京都争奪戦には勝利したものの、直義軍に投降する将兵は後を絶たなかった。驚いた尊氏は、翌一六日に丹波国へ撤退した。この日、薬師寺公義《やくしじきんよし》までが直義派に転じたとする情報が流れている。公義は高師直の重臣であり、師直の下で上総・武蔵守護代を歴任した武将である。また同日夜、信濃守護小笠原政長《おがさわらまさなが》が京都の自宅に放火して出京し、直義に寝返った。貞和五年八月クーデターでは師直に属した、若狭・丹波・丹後・伯耆・隠岐守護山名時氏も直義に合流した（以上、『園太暦』同日条）。

尊氏―師直の凋落はとどまらなかった。彼らは播磨国書写山《しょしゃざん》へ退いて、ここで再起を図った。義詮は丹波にとどまり、仁木・細川が彼に従った。

翌一七日、桃井直常・吉良満貞・斯波高経・千葉氏胤ら直義派諸将が入京した。直義は、高経に京都守備を命じた（『園太暦』同日条など）。

一方、この日は甲斐国須沢城で、関東執事高師冬（師直従兄弟兼猶子）が戦死した。これに先立つ貞和六年正月、師冬は二度目の関東執事に任命され、東国に下向していた。直義派の関東執事兼上野・越後守護上杉憲顕に対抗するためであるが、劣勢に陥っていた。師冬の敗死によって、関東地方は上杉氏を中核とする直義派がほぼ制圧し、尊氏—師直はいっそう窮地に立たされた。

一九日、高師直が北陸に逃走する情報が入ったため、斯波高経・千葉氏胤が近江国坂本に出動した。山名時氏・石塔頼房は丹波方面に向かった。近江守護佐々木六角氏頼が八幡に赴いて、直義に本領以下を安堵された。また、直義は北朝に銭三万疋を献上し、天下静謐を祝賀された（以上、『園太暦』同日条など）。南朝・北朝双方に接近するのは、いかにも政治家らしい行動である。

師冬戦死の少し前、先に石見国に遠征していた高師泰が尊氏—師直軍に合流するために同地を発った。これを知った直義派上杉朝定は、直義の本陣があった八幡から海路で備後国鞆へ赴き、上陸して師泰軍を追撃した。

両軍は備中国で交戦した。師直の重臣であった備中国大旗一揆の盟主河津氏明の奮戦もあって、上杉軍は朝定自身が重傷を負うなどの大敗を喫した。師泰軍はその後美作国でも直義派の妨害を退け、師泰同様備後から東上した高師夏（師直嫡子）とともに正月末に播磨国書写山在陣の尊氏—師直軍に合流した。

二月三日、直義は上杉憲顕に御内書を出した。上洛して直義に加勢する意思を示した憲顕に対し、それを制止する内容である（以上、出羽上杉家文書）。

前述したとおり、関東では高師冬がすでに戦死しており、上杉氏に反抗できる大きな勢力は存在しなかった。陸奥国司北畠顕家の先例からも窺えるように、地方を制圧した味方の援軍は非常に強力で、中央の戦いの行方を大きく左右する。事実、八幡の直義の許には東国の将兵も多数馳せ参じていた模様である（『園太暦』観応元年一二月二一日条）。にもかかわらず、直義は憲顕の上洛を禁止したのである。ここまで来ると、消極的を通り越して、実は敗北を望んでいたのではないかとさえ勘ぐりたくなる。

一方、師泰の加勢を得て勢いづいた尊氏—師直軍は、二月四日に直義派石塔氏が籠もる播磨国光明寺龍野城を攻撃した。だが城の守りは固く、尊氏—師直軍は攻めあぐねた。

二月一二日には、陸奥国で畠山国氏が父高国とともに戦死した。室町幕府は、東北地方に奥州探題なる地方統治機関を設置していた。当時、探題は吉良貞家《さだいえ》・畠山国氏の二人が共同で務めていたが、鎌倉府同様中央の政争の影響で奥州探題も分裂し、貞家が直義、国氏が尊氏に属して争った。そして、国氏が敗死したのである。

すでに述べたとおり、関東では高師冬が滅亡し、九州地方の直冬も猛威を振るっていた。加えて奥州でも尊氏派が惨敗。畿内も、今まで述べたとおりの状況である。尊氏と師直は、まさに四面楚歌の状態に置かれたのである。

摂津国打出浜の戦い

やがて、細川顕氏の軍勢が四国より来襲し、書写山を攻撃した。八幡からは龍野城救援のため、畠山国清・石塔頼房・小笠原政長等の大軍が押し寄せていた。

観応二年二月一四日、やむを得ず尊氏は龍野の包囲を解き、摂津国兵庫に転進した。そして一七日から翌一八日にかけて、同国打出浜で直義軍と大会戦を展開した。

この戦いは非常に激しく、両軍ともに多数の死者を出した。「希代の大合戦」と評されている。だが尊氏軍の方が損耗が激しかった模様である。特に師直が股、師泰が頭部と胸部を負傷し、戦意を喪失したのが決定的であった（以上、『園太暦』同月二〇日条など）。これによって、直義軍の勝利が確定した。

打出浜の戦いは、観応の擾乱において尊氏軍と直義軍の主力が初めて正面から激突した合戦であった。しかし両軍の大将である尊氏も直義も、主戦場にはいなかった。尊氏は、打出浜から十数キロ西に位置する兵庫に在陣していた。彼が戦場から少し離れた場所に本陣を設置するのは、建武以来いつものことである。

しかし直義は、これよりもはるかに遠い山城国八幡を動かなかった。建武の戦乱の際、直義は敵がいかに強大であろうとも常に最前線に位置し、生命の危険を顧みずに勇敢に戦った。それが今では、敵の主力と最終決戦を迎えたというのに後方から一歩も動かない。国境さえもまたいでいるのである。直義の消極性が如実に現れているではないか。

高一族の滅亡

最後まで尊氏に従っていたのは、高師直一族と播磨守護赤松氏の軍勢五〇〇騎程度に過ぎなかった。それと丹波在陣の義詮、備前の石橋和義と備中の南宗継《みなみむねつぐ》（高一族庶流）、九州探題一色氏くらいが目立つ尊氏―師直軍の全容だった。後は行方不明、あるいは逃走ないし直義派に寝返っていたのである。

二月二〇日、尊氏は寵童饗場命鶴丸を八幡の直義の許へ派遣し、講和を申し出た。結局、師直・師泰を出家させることを条件に講和が成立した。これを遵守し、師直と師泰は出家した。

二六日、尊氏は京都へ戻るために出発した。師直らは将軍の後に三里ほど離れてついて行くことになった。そして師直一行が武庫川辺鷲林寺前に通りかかったとき、五〇〇騎ばかりで待ち伏せしていた上杉重季《しげすえ》の軍勢によって、師直・師泰以下高一族の主立った武将が惨殺された。直義は、講和条件を平然と破ったのである。

以降の高一族は室町幕府や鎌倉府で奉公衆となって戦国時代まで続くが、執事として強大な権力を振るい、諸国の守護を歴任した往時の勢いはまったくなくなってしまう。

ともかく直義は、高師直を排除するという戦略目標を達成する。観応の擾乱第一幕は、直義の完勝に終わった。

如意王の死

しかし直義は、難敵を滅ぼした達成感や爽快感など微塵も持たなかったに違いない。なぜなら前日の二五日、愛児如意王が死去したからである（『園太暦』同日条など）。わずか五歳であった。如意王は直義に連れられて石清水八幡宮の陣中にいたのであるが、冬の厳しい寒さに耐えられなかったのである。

再三繰り返すとおり、筆者は観応の擾乱の要因として、如意王の存在は重視していない。とは言え、直義は将来如意王が幕府の重鎮となることを当然期待していたであろうし、四〇歳を過ぎて初めて授かった実子の死去が大きな精神的打撃となったのは確かである。

擾乱における直義の消極性はすでに随所に垣間見えていたが、如意王の死によって直義の無気力ぶりはいっそう顕在化し、それが政策にも現れて、最終的な敗北に帰結するのである。観応二年四月八日、直義は但馬国太田荘内泰守を山城国臨川寺三会院に寄進した。如意王の追善供養を行う料所としてである（前掲直義寄進状案）。同年八月一七日に義詮によって施行状が発給され、当時の但馬守護今川頼貞に直義寄進状の執行が命じられた（御判御教書案文、同文書）。

後述するように、この時期は尊氏と直義が再度決裂し、擾乱第二幕に突入していたが、それでも義詮は叔父が夭折した我が子の冥福を祈って寄進した所領の領有を保障した。敵となった尊氏―義詮父子も、直義の悲しみに共感していたのである。

2 束の間の講和

尊氏との会談

高一族が討たれた翌日の観応二年（一三五一）二月二七日、将軍尊氏は京都へ戻り、直義派の上杉朝定邸へ宿泊した。それまで尊氏が住んでいた土御門東洞院の高倉殿は、二二日に全焼していたのである。

直義は翌二八日に帰京した。まず実相寺に入り、それから細川顕氏の錦小路邸に移った。石塔頼房以下の諸大名がこれに従った（以上、『園太暦』・『異本長者補任』同日条など）。

三月二日、尊氏と直義が直接会談し、今後の処置を話し合った。まず尊氏は、彼に従った武士四二人へ恩賞を与えることを最優先させるべきだと声高に主張して、直義に強引に認めさせた。次いで高一族を殺害した上杉重季を処刑することも強硬に主張したが、直義がとりなして流罪にとどまった。政務に関しては、義詮を直義が補佐する形で決着した（以上、『園太暦』同月二日条・三日条）。

翌三日、細川顕氏が上洛して尊氏を訪問した。しかし尊氏に一喝され、恐怖を覚えて引き上げた。これも比較的著名な逸話であるが、直義派の顕氏が早くも尊氏に接近しているのが注目できる。六日、顕氏は丹波在陣中の義詮を迎えに京都を発ち、一〇日義詮とともに帰京した。義詮は、錦小路邸の直義と面会した（以上、『園太暦』同日条など）。

それにしても尊氏の態度は、敗北した武将のそれとは到底思えない。まるで勝者のように振る舞っている。特に恩賞を要求するなど、厚かましいにも程がある。これも、尊氏精神疾患説の根拠に挙げられることがあったようである。

しかし例によって筆者は、このときの尊氏も正常であったと考えている。三月二日の会談の核心は、従来どおり尊氏が恩賞充行権を行使することが決まったことだと考える。この条件さえ確保できれば、やがて頽勢を挽回できると尊氏は考えていたのではないだろうか。

観応の擾乱第一幕を通じて、尊氏は自身の敗因を正確に理解したと思われる。恩賞充行が不十分だったからこそ、擾乱が勃発して一時敗北したのである。であるならば、自身が将軍として恩賞充行を広範に行使すれば、離れた武士たちもふたたび戻ってくるに違いない。そう考えた尊氏は、恩賞充行権だけは直義に奪われないように死守を目指した。そのために、直義に対して強気に出たのである。

尊氏の試みは成功した。結論を言えば、この日の会談が尊氏の逆転勝利を事実上決定づけたのだと筆者は考える。会談が終わったとき、会談前の不快さとは対照的に尊氏は非常に上機嫌であったという。目標を達成して勝利を確信したのであるから、それも当然であろう。

それではなぜ、直義は尊氏から恩賞充行権を取り上げなかったのであろうか。擾乱第一幕の圧勝を踏まえれば、鎌倉末期の将軍と同様、尊氏を完全な飾り物にすることも十分に可能だったはずである。鎌倉幕府の先例を尊重する直義なら、なおさら試みてもおかしくはないはずである。現に既に建武二年（一三三五）一一月、尊氏が後醍醐天皇に恭順の意を示して浄光明寺に引きこもった際、直義が恩賞充行下文を発給した前歴もある。直義は、恩賞充行権を行使しようと思えばできたのである。

結局直義は、兄尊氏に遠慮したのだと筆者は考えている。もともと今回の戦争には消極的であった上に、直前に実子如意王を失って、直義は自暴自棄になっていたのではないだろうか。そもそも恩賞充行権の奪取という発想さえも持たなかった可能性もあるだろう。

なおこのときの会談で、直冬を正式に鎮西探題に任命することも決定した。ただし、直冬は観応二年六月まで依然貞和年号を使用している。直冬は真の意味で室町幕府体制に組み込まれたわけではなく、その地位は潜在的に不安定だったのである。

講和期における恩賞と安堵

恩賞充行権の維持に成功したとは言え、尊氏・直義の一時講和期における幕府政治において、直義の発言権が大きかったのは確かであるようだ。右に述べた直冬の鎮西探題任命も、その現れである。

恩賞充行と所領安堵に関しては、擾乱以前と同様、尊氏と直義がそれぞれ分担した。しかし、権限を「保有すること」と実際に「行使すること」は異なる。

四月二日、幕府で評議が行われた結果、佐々木導誉・仁木頼章・同義長・土岐頼康・細川清氏《きようじ》以下七人の罪を許し、所領を安堵することが決定した。彼らは擾乱第一幕において、最後まで尊氏―義詮に従って奮戦した守護級武将たちである。それが恩賞どころか、罪人とされて特例をもって処分を逃れる有様である。

彼らでさえこの状況であるから、一般の武士の扱いなど推して知るべしであろう。事実、この時期に尊氏が発給した袖判下文は、わずか二通しか管見に入らない。

そのうち一通は、近江国播磨田郷の替地として、観応二年六月二四日に佐々木善観に遠江国浅羽荘地頭職等を充行ったものである（案文、佐々木寅介氏文書）。善観は佐々木導誉の兄である。しかし擾乱に際しては、観応二年正月一六日に直義派に転じていた（『園太暦』同日条）。そのため同年二月一三日、尊氏は善観の所領であった越後国白河荘上下郷を没収し、細川頼和に恩賞として充行っていた（同年同月同日付尊氏袖判下文、紀伊野田文書）。

また下文は現存していないが、高師直の従兄弟兼猶子で三河守護も務めた高師兼の所領遠江国村櫛荘地頭職が、斎藤利康に与えられたことを確認できる（観応二年五月一九日付尼性戒寄進状写二通、山城天龍寺重書目録）。斎藤利康は直義派の奉行人で、貞和五年（一三四九）八月クーデターの際にも、上杉重能・畠山直宗・僧妙吉らとともに高師直に糾弾された人物である。

すなわち、尊氏は恩賞充行権を保持していたものの、それを自由に行使することはできず、直義の圧力によって同派の武将に所領を給与することを強いられた模様である。その結果、講和期の恩賞充行は著しく停滞した。

なお施行状を発給する権限は、直義がふたたび掌握した（観応二年五月一三日付足利直義施行状写、山城東寺所蔵観智院金剛蔵聖教目録）。この時期は、そもそも執事制度も廃止されていた。とは言え尊氏の下文発給が停滞したのであるから、それに基づいて出される施行状も非常に少なかった。現存するのは本事例のみである。

もっとも、直義の所領安堵もきわめて低調であった。観応二年五月二一日、尼心妙に三河国額田郡比志賀郷を安堵する内容の袖判下文一通が残存するのみである（三河総持寺文書）。ちなみに尼心妙は、高師直の伯母あるいは叔母にあたる女性である。直義には、高一族を滅ぼしたことを罪滅ぼししようという気持ちがあったのかもしれない。

引付頭人の人事

所務沙汰については、前述のとおり義詮を直義が補佐する形式が採用された。しかし、これを支える引付頭人には直義派の武将が大幅に進出した。石橋和義・畠山国清・桃井直常・石塔頼房・細川顕氏である。ほとんど皆、擾乱第一幕で直義派として勲功が顕著だった者ばかりである。斯波家兼や佐々木導誉といった尊氏派の頭人は排除された。留任した石橋和義のみがかろうじて尊氏派と言えるが、再三述べるように彼は直義とも近い立場にあった。

ただし引付方は、前述したとおり事実上寺社本所勢力の権益を擁護し、武士の台頭を抑止する政策を採っていた。引付頭人となったからといって自身や部下の所領は増えないし、それどころか自己の利益と相反する命令を出さざるを得ないことも頻繁だった。仲間の守護の荘園侵略を禁じ、恨みを買うケースも存在したであろう。

しかも彼らの多くは、幕府内でも建武以来戦場で過ごした歴戦の武闘派である。和義以外は、引付方の訴訟業務は未経験で不得手と思われる者ばかりであった。直義に引付頭人に任命されることは、むしろありがた迷惑であったとさえ思われるのである。

なお直義は三月二九日に院参を行い、光厳上皇との交渉を再開した（『園太暦』同日条）。

守護の人事

次いで守護の人事を見てみよう。講和期における直義派守護ないしそう推定できる守護を一覧にした。一見、多数の直義派武将が多数の守護分国を支配しているように見える。だが子細に検討すると、大半は擾乱勃発以前の分国をそのまま維持したに過ぎない。

尊氏派守護から直義派守護に交代したと断定あるいは推定できるのは、伊賀（?→千葉氏胤）・武蔵（高師直→上杉憲将）・越前（?→斯波高経）・但馬（今川頼貞→上野頼兼）・出雲（佐々木導誉→山名時氏）・備中（南宗継→秋庭某）・備後（高師泰→上杉顕能）・土佐（高定信→細川顕氏）である。また丹後（山名時

観応2年3～7月における直義派守護

	前任者	
河内	同右	畠山国清
和泉	同右	畠山国清
伊賀	？	千葉氏胤
伊勢	同右	石塔頼房
伊豆	同右	石塔義房
武蔵	高師直	上杉憲将
下総	同右	千葉氏胤
近江	同右	六角氏頼
上野	同右	上杉憲将
若狭	同右	山名時氏
越前	？	斯波高経
越中	同右	桃井直常
越後	同右	上杉憲将
丹波	同右	山名時氏
丹後	山名時氏	上野頼兼
但馬	今川頼貞	上野頼兼
伯耆	同右	山名時氏
出雲	佐々木導誉	山名時氏
隠岐	同右	山名時氏
備中	南宗継	秋庭某
備後	高師泰	上杉顕能
紀伊	同右	畠山国清
讃岐	同右	細川顕氏
土佐	高定信	細川顕氏
筑前	同右	少弐頼尚
豊前	同右	少弐頼尚
豊後	同右	大友氏泰
日向	同右	畠山直顕
対馬	同右	少弐頼尚

氏→上野頼兼）は、同じ直義派守護による改替である。なお将軍家政所執事も、佐々木導誉から二階堂行通に交代した。

尊氏にしてみれば、あれほどの惨敗を喫した割には「この程度の損失で済んだ」という感じではないだろうか。摂津（赤松範資《のりすけ》→同光範《みつのり》）・美濃（土岐頼康）・飛騨（佐々木導誉）・播磨（赤松範資→同則祐）・阿波（細川頼春）・伊予（細川頼春）のように、尊氏派の武将が依然守護職を維持した国も散見する。また、長門守護は厚東武村が高師泰の後任となったが、彼も尊氏派であった。

何より高師秋・大高重成のように、直義に従ったにもかかわらず、守護分国を獲得できなかった武将が存在することは看過できない。重成は若狭守護に再任されることを希望していたらしいが、若狭は同じ直義派の山名時氏の分国であったため実現しなかった。畠山国清・桃井直常・石塔頼房も、勲功著しかったのに分国は増加しなかった。山名時氏も出雲を獲得したものの、丹後を同じ直義派の上野頼兼に譲ったので、分国数は同じである。細川顕氏の土佐も、元々弟皇海の分国であったのを回復しただけである。彼が四条畷以前に保有していた河内・和泉は畠山国清が維持していたので、全盛期の勢力よりもかなり後退したままであった。

さらに言えば、守護職を獲得するだけでは必ずしも自己の勢力拡大につながらなかった。分国内の荘園諸職も占領し、自身や配下に分配しなければ意味がない。しかし、直義は依然として守護の荘園侵略を厳しく禁止する政策を維持していた。この政策に従う限り、運よく守護に任命されたとしても、恩恵はそれほど望めなかったと思われる。

かろうじて、上杉憲将に従って軍忠を挙げた武士の恩賞に限って、憲将の父関東執事上杉憲顕に関東分国内の闕所地処分権が認められた程度である（観応二年三月一三日付直義御判御教書、出羽上杉家文書）。これは、憲将が甲斐国で高師冬を討った功績に対する褒賞であろう。

これまでも何度か登場した上杉憲顕は、尊氏・直義兄弟の従兄弟で、建武以来の忠実な直義与党であった。守護分国上野を合法的に統治していることを直義から絶賛されたことも、すでに述べたとおりである。逆に言えば、憲顕ほど直義に近い武将がようやく限定的な権限拡張を認められた程度だったのである。他は推して知るべしである。

だが所領や守護職ばかりが恩賞ではない。朝廷から任命される官途も立派な利益供与である。この時期に叙任を受けたことを確認できる武士たちの一覧が、次頁の表である。

官職の補任

数点補足すると、高師義は師秋の子息である。高師員は、建武・暦応年間に高師泰の下で越後・尾張守護代を務めた高師貞と同一人物であると考えられる。上野直勝は、擾乱第一幕では近江方面で軍事活動を展開していた直義派の武将であった。畠山義深《よしふか》・清義は国清の弟で、細川繁氏・政氏《まさうじ》は顕氏の子息である。

結論を言えば、所領だけではなく官途の面においても、擾乱以前と同様直義はきわめて限定的・抑制的な供与にとどまった。畠山国清三兄弟と石塔頼房・吉良貞家・桃井直常および細川顕氏父子、そして高師秋父子。擾乱第一幕で直義派として尽力した、ほんの一握りの武士だけが叙任の恩恵に預かったに過ぎない。しかも宇都宮氏綱《うじつな》等の事例に見るごとく、この時期においても直義は成功による補任に依然固執していた。

所領に関する複雑な利害が絡む恩賞充行と比較すると、ばらまき過ぎは価値の低下を招くとは言え、朝廷の官職の付与ははるかに容易であったはずである。にもかかわらず、実施されたのはこの程度に過ぎない。なかでも、擾乱第一幕において忠実な尊氏派として奮戦した細川元氏（清氏）が、成功によるとはいえ伊予守に任官したことは注目に値する。これでは直義のために生命と財産を賭けて戦った武士たちが、彼を見限るのも当然ではないだろうか。

観応二年三〜七月における叙任

年月日	氏名	官位・官職	備考	典拠
観応二年（一三五一）四月一三日	宇都宮氏綱	修理亮	東福寺造営功	尊経閣古文書纂所収東福寺文書
観応二年（一三五一）四月一六日	高師義	従五位下・掃部助		『園太暦』翌日条
	上野直勝	従五位下・掃部助		
	畠山国清	修理権大夫		
	畠山義深	従五位下・尾張守		
	結城朝常	従五位下・三河守		
	二階堂行種	遠江守	覚園寺造営功	
	高師員（貞カ）	従五位下・上野介		
	畠山清義	従五位下・左近将監		
	石塔頼房	右馬権頭		
観応二年（一三五一）五月二九日	吉良貞家	従四位下		『園太暦』翌日条
	畠山国清	従五位上		
	石塔頼房	従五位上		
	桃井直常	従五位上		
	高師秋	従五位上		
観応二年（一三五一）六月二六日	細川繁氏	従五位下・式部少丞		『園太暦』同日条
	桃井直常	播磨守		
	二階堂行熙	備前守	行願寺造営功	
	細川元氏（清氏）	伊予守	安国寺造営功	
	石橋和義	従四位下		
	細川政氏	従五位下・左近将監		
	細川顕氏	正四位下		

以上見てきたように、講和期における直義の政治は概して消極的であった。しかし、そんな直義が唯一強い熱意をもって取り組んだのが、南朝との講和交渉であった。

南朝との講和交渉

擾乱第一幕の真っ最中であった観応二年二月五日、直義は長井広秀等を使者として南朝に派遣し、銭一万疋もの大金を献上した（『房玄法印記』翌日条）。このとき直義は、南朝に三ヶ条の講和条件を提示したらしい。現在知られているのは「武家管領の事」という一ヶ条だけであるが（「吉野御事書案」）、幕府の存続を容認せよという意味であることは確かである。

前述したとおり、畿内南部の南朝勢力が直義に加わり、短期的には戦力の増強となった。しかし一方で、各地で南朝方の武士が幕府方の寺社・武士領を侵略する事態も招いていたようだ。伊勢国では、北畠親房の三男顕能が率いる南朝軍が軍事活動を展開していた。そのため直義は、尊氏との講和後直ちに守護石塔頼房に鎮圧を命じなければならなかった（前掲『園太暦』観応二年三月三日条）。

右の状況を打開するため、直義は南朝との講和交渉を継続したのである。三月一一日、楠木正儀《まさのり》の代官が南朝の使者として錦小路邸を訪問し、直義側近の大高重成と面会し、後村上天皇の勅書を渡している（『房玄法印記』同日条）。正儀は、大楠公楠木正成の子であり、小楠公正行の弟であった。「南朝忠臣」として偉大だった父と兄の後を継いだが、南朝では講和派の最右翼であったらしい。

四月二七日には、直義は正儀代官を使者として南朝に事書を提出した。長井広秀・二階堂行珍が奉行として、この事書を作成した（以上、『房玄法印記』同日条）。

このときの応答文が残っている。これを「吉野御事書案」という。以下、これを基に南朝と直義の主張を簡単に紹介しよう。

両者とも源頼朝の鎌倉幕府創業から話を始めているのも興味深いが、まずは皇位継承問題を見てみよう。南朝は、我等の主君こそ正統の天皇であると主張し、後村上天皇に皇統を一元化することを要求した。併せて、政権を朝廷に返上することも求めている。これはもちろん、後醍醐以来の主張である。

これに対して直義は、「建武の戦乱において講和したとき、後醍醐天皇から三種の神器を譲り受けた北朝の天皇こそが、正統の天皇である。まずは幕府の計らいに従って京都に戻られよ。先皇の系統を永続させることは約束する」と返答した。

直義が鎌倉期の両統迭立を否定し、大覚寺統邦省親王の皇太子就任を阻止したことは先述した。ところがこの段階においては、迭立論に後退してしまっている。これは、講和交渉の性質上やむを得なかったのであろう。

幕府については、当然存続を主張する直義に対し、南朝は「足利氏が先非を悔い改め、奪った天下を南朝に返還した上で判断する」と述べる。必ずしも幕府の全否定ではないことは注目できる。

所領問題が議論されていることも興味深い。南朝は、「公家一統の建武新政時代に戻れば、本領を奪われて南朝方の恩賞にされてしまうと足利方の武士が噂しているそうであるが、これはきわめて短慮である。講和が実現すれば、天下の武士は全員本領を安堵されるであろう」と主張する。

一方直義は、「畿内近国の悪党どもが南朝方と称して、寺社本所領にもかかわらず、領家職・地頭職を区別せずに侵略を行っている。これは血をもって血を洗うようなものである。どこが『撫民の仁政』であるのか」と反論した。

南朝は口先で所領安堵を保証しながら、すでに述べたように実際は武士領の侵略を推進していた。その言行不一致を直義が鋭く指摘する点は、『夢中問答集』における論理的な思考回路とも共通している。もっとも南朝も、直義が降伏後も発給文書に原則として観応年号を使用したことや幕府の守護・地頭補任を挙げて、彼の矛盾を追及している。

五カ月におよんだ直義と南朝の講和交渉は、最終的に決裂した。観応二年五月一五日、南朝の使者が入京し、直義の提案が完全に拒否されたことを告げた。北畠親房は、四月二七日に直義が提出した事書を後村上天皇に取り次ぐことさえせずに突き返した。

講和交渉に熱心に取り組んでいた楠木正儀は、南朝上層部の態度に激怒し、幕府方に寝返って吉野を攻め落とすことまで直義に申し出たという（以上、『房玄法印記』五月一五日条・一九日条など）。余談ながら後年、正儀は実際にこの申し出を実行した。

たび重なる不協和音

以上、尊氏―直義講和期における直義主導の幕府政治の様相を紹介したが、一言で言えば、「失政」と評価せざるを得ないのではないだろうか。

直義派諸将の守護職補任や官途付与は、擾乱第一幕で圧勝した割にはきわめて限定的にとどまった。引付頭人には直義派が大量に進出したが、寺社本所領保護政策の牙城である引付方に参入することは、彼らにとっては必ずしも利益ではなかった。直義が唯一熱心に取り組んだ南朝との講和交渉も、結局は一歩も進展せずに決裂した。

何より、将軍尊氏が保持する恩賞充行権を奪わなかったのが決定的である。直義は尊氏に圧力をかけて袖判下文を発給させることで、自派の武士に対する所領給付を目指したらしい。しかしいくら実兄とは言え、先日まで殺し合ってた敵の大将に味方の恩賞を与えさせる方法がうまくいくわけがない。自身の権限である所領安堵も著しく停滞した。

要するに、直義に味方した武士の大多数は何の見返りも得られなかったのである。幕政は、事実上の機能不全に陥った。

三月六日、尊氏は錦小路邸の直義を訪問した。二人とも非常に機嫌がよかったが、師直の件については尊氏は立腹していた（『園太暦』同日条）。次いで同月二一日、直義は義詮と西芳寺を訪れ、夢窓疎石の法談を聴いた後に庭の花を観賞して和歌を詠んだ（『正覚国師和歌集』）。また神護寺の義詮像の奉納時期について、黒田日出男氏によってこの頃と推定されている。

この頃までは、直義と尊氏―義詮父子は一応円満な関係だったらしい。しかしこの後、水面下における尊氏・直義両派の対立や直義派の自壊を窺わせる事件が続出する。

三月三〇日、直義の光厳上皇御所訪問に供奉していた斎藤利康が、深夜帰宅途中に路上で何者かに刺殺された（『園太暦』同日条）。利康の未亡人尼性戒は、先日拝領したばかりの遠江国村櫛荘地頭職のうち、三分の二を天龍寺に寄進して亡夫の冥福を祈った（前掲観応二年五月一九日付尼性戒寄進状写二通）。

四月三日、直義は三条殿の義詮と同居しようとしたが、すぐに細川顕氏の錦小路殿に帰った（『園太暦』翌日条）。一六日には錦小路殿も出て、山名時氏邸に移住した（『房玄法印記』同日条）。以降も顕氏は引付頭人としての活動を続けているので依然直義派に属していた模様であるが、直義と距離を置き始めている様子が窺える。

そして、二五日に直義は義詮の三条殿で開催された評定始に出席した後、三条殿のすぐそばにある押小路東洞院の新邸に移住した（『園太暦』同日条）。晩年の直義は主に「高倉禅門」「高倉殿」などと呼ばれたが、それはこの新邸の東面が高倉小路に面していたからであろう。

五月四日、桃井直常がその高倉殿から帰宅する途中、一人の武士が突進してきた。直常が事前に武装していたため、襲撃は失敗し犯人は逮捕されたが（以上『園太暦』同日条）、そもそも平時にかかわらず用心しなければならない時点で不穏な情勢が窺える。

同月八日、尊氏が美濃国に逃れるとの噂が流れ、都中が騒動となった（『園太暦』同月一〇日条）。

六月二九日には、信濃国で尊氏派小笠原政長と直義派諏訪直頼の軍勢が交戦した（観応三年（一三五二）正月日付佐藤元清軍忠状案、伊勢佐藤文書など）。擾乱第一幕で直義に寝返った小笠原政長は、この時期すでに尊氏派に帰参していたのである。また諏訪直頼は、一六年前に北条時行を奉じて直義と戦った諏訪氏の一族である。これが直義与党となっていることは興味深い。それはともかく、すでに地方では冷たい戦争は熱い戦いとなっていた。

引付方の停止と義詮御前沙汰の発足

前述したとおり、所務沙汰に関しては直義が義詮の後見となる形式が採られた。しかし、引付頭人が直義派で占められるなど、実質的には直義の政治となっていた。

これに反発した義詮は、六月頃に自らが所務沙汰を親裁する機関を創設した。これが「御前沙汰」である。この御前沙汰において、義詮は御判御教書を発給して、従来の引付頭人奉書と同内容の命令を下し、直義の領域を侵食し始めた。

同月二五日、醍醐寺僧房玄が三条殿の義詮を訪問した。おそらく義詮の御前沙汰へ提訴する訴訟に関わる案件であったと思われるが、ここで大高重成が房玄と面会していることが注目できる。前述したとおり三月一一日の段階では、重成は錦小路殿で南朝の使者と対面している。その三カ月後、彼は直義と距離を置き、義詮に接近しているのである。

義詮の御前沙汰発足およびそれにともなう直義の引付方との権限の競合は、当然ながら両者の不和を増大させた。これに連動して、同年七月には引付方の活動が停止した。

直義は、高師直さえ排除すればすべてが丸く収まると考えていたに違いない。しかし、それは大きな間違いであった。室町幕府の権力構造の歪みは、いよいよ末期症状を呈してきた。

直義の引退表明

七月八日、直義は孤立していると評された（『園太暦』同日条）。同月一九日、遂に彼は、二階堂行諲を使者として政務の引退を表明した。義詮との不和が理由である。貞和五年八月に引退したときは高師直の軍事的圧力によるものだったが、今回はそういうことさえもない。勝手に自滅した形である。

これを知った尊氏は一度は直義の辞意を受諾したものの、上杉朝定を使者として直義を慰留した。朝定が将軍兄弟の講和を心底から願っていたことが窺える。彼の尽力によって直義はようやく辞意を撤回し、政務の統括者の地位にとどまることになった（以上、『房玄法印記』同日条など）。

同月二二日、尊氏・直義・義詮三人が面会し、なごやかに語り合い、誓約の告文を提出したとの噂が流れた（『園太暦』翌日条）。表面上は円満解決を演出しているが、いかにも不自然である。

事実尊氏は、背後では直義打倒の準備を着々と進めていた。その前日の二一日、尊氏派の諸将が続々と京都を脱出した。

二八日には、尊氏自らが南朝に寝返った佐々木導誉を征伐すると称して近江国に出陣した。直義は、義詮とともに賀茂川の河原まで出て尊氏を見送り、帰宅した（『園太暦』同日条）。翌二九日、義詮も南朝に転じた播磨国の赤松則祐征伐に向かうため、東寺に出陣した（観応二年一〇月日付金子信泰軍忠状写、長門毛利家文書など）。

導誉が南朝から尊氏・義詮・直義追討の綸旨を賜った記録も残るし（『浄修坊雑日記』）、則祐も大塔宮護良親王の遺児を担いでいたので、これらは必ずしも完全な虚言ではなかったと思われる。だがともかく尊氏以下諸将の出陣が、京都の直義を包囲して殲滅する謀略であったことが明らかとなった（『園太暦』八月一日条）。

直義の北陸没落

直義は石塔義房と桃井直常の進言に従い、三〇日の深夜に京都を脱出して北陸へ向かった（『太平記』巻第三〇）。

このとき直義に従った主な武将は、斯波高経・桃井直常・上杉朝定・同朝房・山名時氏・畠山国清・上野頼兼・吉良満貞・同満義・高師秋・長井広秀・二階堂行譚・諏訪直頼といった面々である。その他、禅律頭人を務めた日野有範や同言範といった公家も加わっていることが注目できる（以上、『房玄法印記』同日条）。

大半が本書でもこれまで登場した直義派の武将たちである。しかし、この一行にはあの大高重成が入っていない。尊氏派に転じたのである。希望していた若狭守護への復帰がかなわなかったためと考えられる。早速一〇月二日、重成は尊氏から若狭守護に任命された。

また細川顕氏もこの段階で直義を裏切り、義詮から直ちに京都守護を命じられた。彼の変節は、当時社会的にかなりの波紋を投げかけたらしい。洞院公賢は、「例の顕氏は直義専一の仁であると日頃言われていたが、今は義詮に従った。かれこれ言葉の及ぶところではない。世も末である」と慨嘆した（『園太暦』八月二日条）。

直義は越前国敦賀へ到着し、金ヶ崎城へ入城した（『園太暦』八月六日条など）。一五年前に越前へ没落した新田義貞との酷似がよく言及される。直義が逃亡先に北陸を選んだのは、北陸一帯を直義派の守護が占めており、信濃の諏訪氏や関東の上杉氏ともつながり、あるいは山陰の山名氏を介して九州の直冬とも連絡可能であったという地理的特性が存在したからである。しかし、これも石塔や桃井が述べた意見である（『太平記』巻第三〇）。直義自身の主体性は微塵も見られない。
結局、尊氏・直義兄弟の和平は五カ月で破綻した。観応の擾乱第二幕の始まりである。

3 尊氏との死闘

直義の出奔を知った尊氏—義詮父子は、ただちに京都に戻った。観応二年（一三五一）八月六日、尊氏は寝返ったばかりの細川顕氏を使者として、直義に帰京と政務復帰を勧告したが、この交渉は失敗に終わった。桃井直常と手を切れとの尊氏の要求を直義が拒絶したためである（以上、『園太暦』同日条など）。

近江国での戦い

『太平記』巻第三〇によれば、越前国に赴いた直義に加わる武士の数は日に日に増えて、最終的に六万騎に達したという。正直、この記述は眉唾物である。当時の彼にこれほどの求心力があるのなら、そもそも京都を脱出する必要さえなかった。

同記は続けて、大軍を擁したにもかかわらず直義が京都に攻め上らなかった理由を日野有範の意見を採用したからであるとするが、注目するならむしろこちらであろう。真偽はともかくとして、この時期の直義に主体性がまるでなく、ただ周囲の思惑に沿って受動的に行動している様相がここからも窺えるからである。

八月七日、尊氏は南朝に使者を送り、講和交渉を開始した。次いで一八日、義詮を伴って近江国に出陣した。

一方直義は、同月二三日頃に北朝に使者を送って、光厳上皇に比叡山への臨幸を要請した。尊氏が南朝に接近しているので、対抗して北朝を担ごうとしたのであろう。光厳はこれに応じる意向だったが、廷臣たちが反対したらしく結局この構想は実現しなかった（以上、『園太暦』同日条など）。

すでに尊氏が南朝と交渉を開始しており、北朝もこれを知っていた。しかしそれでも直義の要請に結局応じなかったのは、前年の直義の南朝降伏が響いたのではないだろうか。北朝との信頼関係を踏みにじった直義の行動が、ここで裏目に出たのだと考える。

九月七日、直義は畠山国清・桃井直常を大将として近江に出陣させた。彼らは八相山《やあいやま》（現・長浜市）に布陣した（『太平記』巻第三〇）。この山は虎御前山の南の尾根にあたり、戦国時代に織田信長が浅井長政の小谷城を抑える城郭を築いたことでも知られる。直義自身は金ヶ崎城を動かなかったようだ。打出浜と同様、国境をまたいでいる。やはり消極的である。

同月一〇日、石塔頼房が伊勢国から近江国に侵入し、同国守護佐々木山内信詮と佐々木導誉を撃破した（『園太暦』翌日条）。頼房は、八相山の直義軍に合流したようである。

一二日、尊氏軍が八相山を攻撃し、佐々木導誉の家臣多賀将監が直義軍の秋山光政を討ち取った。直常はなお抗戦を主張したが、頼房や国清がこれに異論を唱え、直義軍は越前に撤退した（以上、『太平記』巻第三〇など）。

二〇日頃から両軍の講和交渉が行われ、翌一〇月二日尊氏と直義が近江国興福寺で直接会見したが、結局これも決裂した（『園太暦』同月四日条など）。このときも、桃井直常が頑強に反対したからである。

この段階で、畠山国清も尊氏派に転じた。国清と細川顕氏は出家しようとしたが、尊氏がこれを止めたという。その他、直義の許を離れて尊氏に帰参する武士が後を絶たなかった。中でも越前守護斯波高経までもが尊氏に寝返ったらしいのは、大きな打撃であった。

桃井直常の進言に従って、一〇月八日に直義はふたたび越前に退いた（観応二年一〇月九日付足利尊氏御判御教書、豊後竹田津文書）。その後、北陸道を通って鎌倉へと向かった（『太平記』巻第三〇）。

正平の一統

直義が鎌倉に到着したのは、一一月一五日である（『鶴岡社務記録』同日条）。彼が鎌倉へ赴いた理由は、関東地方が直義に忠実な上杉憲顕の勢力圏内であったからである。

また鎌倉幕府の故地であり、鎌倉的秩序の維持を目指す直義にとって再起を図る絶好の場所であった。だが、実際問題として直義自身はもはやそんなことはどうでもよかったのではないだろうか。これもただ、桃井直常の言いなりに動いただけであったと筆者には思われる。

当時、鎌倉公方として関東地方を統治していた足利基氏（尊氏実子・直義猶子）は、直義を温かく鎌倉に迎え入れた。京都から鎌倉まで直義に従った武士をねぎらった基氏感状が、三通ほど残存している（観応二年一二月一八日付、筑後田代文書など）。しかし当時の基氏は、わずか一二歳の少年であった。事実上東国を統治していたのは直義派の関東執事上杉憲顕であり、基氏の行動に主体性があったわけではない。

一方尊氏は、一〇月二一日に仁木頼章を新たに執事に任命した。高師直が敗死して以来、およそ八カ月ぶりに執事職が復活した。

次いで一一月三日、かねてから進めていた南朝との講和交渉が完了し、尊氏は南朝に降伏した。これを「正平《しょうへい》の一統」という。前年の直義以上に具体的な内実を伴わない講和に過ぎなかった。ただし、尊氏は自身の発給文書に南朝の正平年号を使用している。この点、降伏後も北朝の観応年号を使い続けた直義よりもまだ誠意があったと言えるかもしれない。

そして翌日、尊氏は義詮に京都の留守を託し、新執事仁木頼章や畠山国清らを率いて直義を討つために京都を発ち、東海道を下った。

最後の戦い

正平六年（北朝観応二、一三五一）一一月二九日、尊氏は駿河国薩埵山《さったやま》に籠城した。三〇〇〇騎あまりの軍勢であった。これを直義軍五〇万騎が包囲したという（『太平記』巻第三〇）。例によって『太平記』の誇張であり、いくら何でも大げさすぎる。ただし、直義軍が京都に攻め上るとの情報が京都に入り、一時義詮が防戦のために東国に出陣しようともしているし（『園太暦』同日条）、直義軍の優勢はある程度は事実だった模様である。

それより注目できるのは、このとき直義が伊豆国府から一歩も動かなかったことである（『太平記』巻第三〇）。山城国八幡にとどまった二月の摂津国打出浜の戦いのときと、まったく同じ構図である。戦場と本陣が違う国にあるのも同じだ。もはやおなじみの無気力ぶりであるが、たび重なる心労で健康状態もすでに悪化していたのかもしれない。

薩埵山包囲戦の最中の一二月二日、直義は御判御教書を発し、伊豆国利生塔料所同国江馬荘内土貢

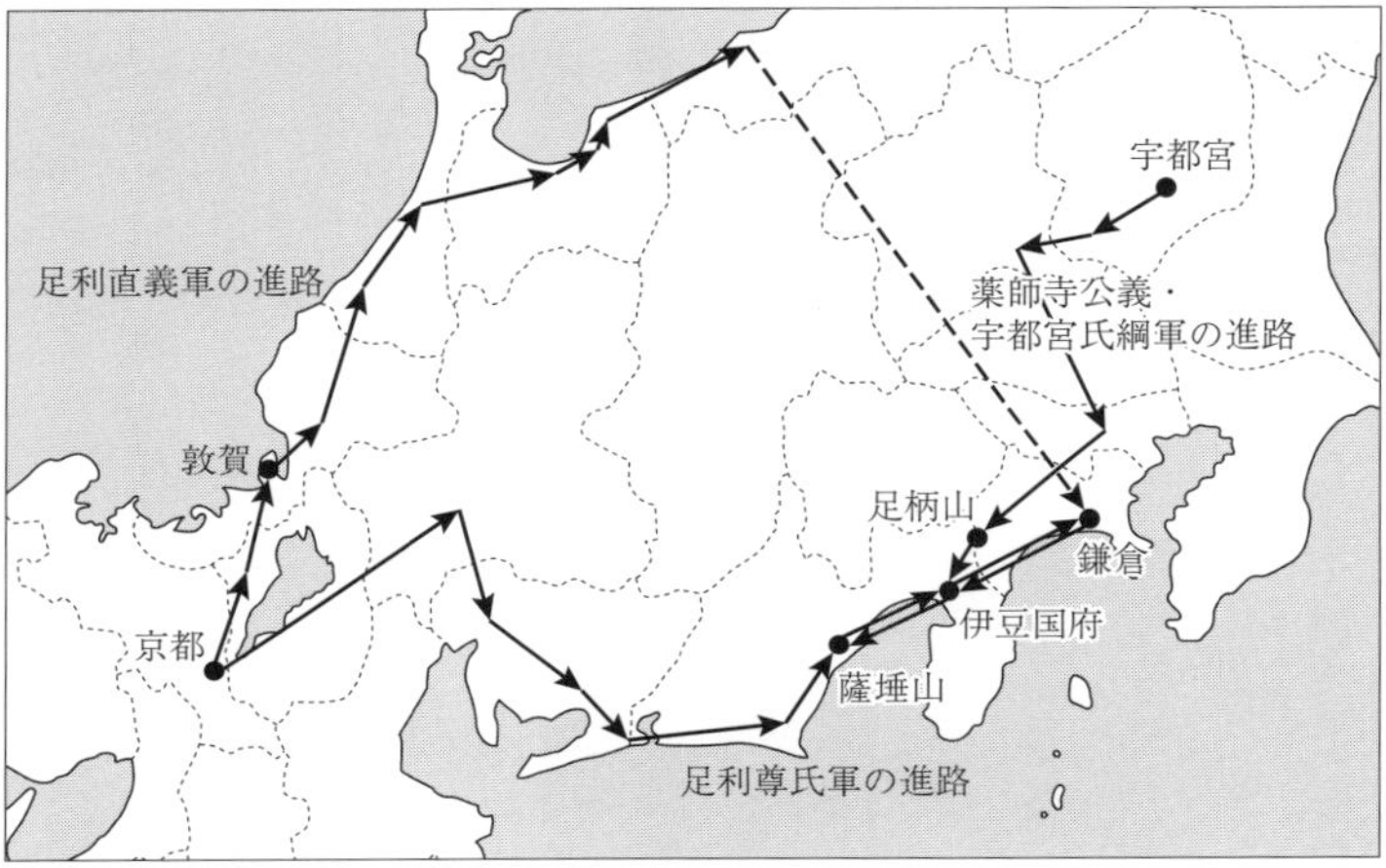

観応の擾乱第二幕関連地図

薩埵峠からの眺望（静岡市清水区）

二〇〇貫の地を沙汰付することを上杉能憲に命じている（写、相州文書所収大住郡妙楽寺文書）。能憲は直義から伊豆守護に任命されていたと思われるが、ともかく彼が最後まで安国寺・利生塔構想を推進していたことが窺える。

同月七日、尊氏と直義が講和したとの報が京都に入り、義詮は東国出陣を中止した（『園太暦』同日条）。和睦の件は誤報だったが、彼らが最終段階まで和平の道を模索した形跡が存在することは注目できる。

一六日には、直義は現存する生涯最後の袖判下文を発給した。田代顕綱《あきつな》に、和泉国大島荘内下条村地頭職を勲功の賞として充行う内容である（以上、筑後田代文書）。顕綱は、一一月一五日の直義鎌倉入りの際に彼に従ったことを確認できる（前掲観応二年一二月一八日付基氏感状）。直義はその生涯の最終盤において、ようやく恩賞充行を行使したのである。しかし森茂暁氏も述べるとおり、この下文の発給は直義の恩賞充行権に基づくものとは言えないだろう。

ただし、森氏が恩賞充行権を直義の「最大の念願であった」とするのは疑問である。擾乱勃発以来、直義はその気になればいつでも恩賞充行袖判下文を発給できたのではないだろうか。にもかかわらずそれをしなかったのは、その意思がなかったためと見なさざるを得ない。

筆者には、この下文発給あるいは能憲の伊豆守護補任は、直義が敗北を悟ったことの裏返しであったように思えてならない。将棋において、敗北が確定した棋士が投了の局面を美しく見せるために行う「形作り」に近かったのではないだろうか。

話を薩埵山の戦いに戻そう。尊氏の危機を救うため、下野国の宇都宮氏綱を主力とする援軍が出陣した。これに、薬師寺公義が武蔵国の国人を率いて加勢した。本書にすでに登場した薬師寺公義は、上総・武蔵守護代を務めた高師直の重臣である。前述したように、この年の正月頃には直義派に寝返っていたらしく、擾乱第一幕が終結してからは出家して紀伊国高野山に引退した。しかし、すぐに生臭い政界に舞い戻り、熱烈な尊氏与党の武将として一軍を率いたのである。

宇都宮と薬師寺の下野・武蔵連合軍は、直義派の上杉軍を次々と撃破して、薩埵山に接近した。正平六年一二月二九日には、相模国足柄山で直義軍に勝利した（以上、正平七年（北朝観応三、一三五二）正月日付高麗経澄軍忠状、武蔵町田文書）。

下野・武蔵勢の接近により、薩埵山を包囲していた直義軍は自壊した。薩埵山に籠城していた尊氏派仁木義長隊が勝ちに乗じて伊豆国府にせまったため、直義は一戦も交えずに同国北条へ撤退した。ここは、あの鎌倉幕府執権北条氏が平安時代に土着した名字の地である。頼みの上杉軍も、信濃方面へ没落した。

翌正平七年（北朝観応三、一三五二）正月一日、尊氏軍は伊豆国府で宇都宮・薬師寺の援軍と合流した。直義はさらに伊豆国走湯山権現社に退いたが、ここで尊氏の勧告を受け入れて降伏した。尊氏は直義を伴って、正月五日に鎌倉に入った（以上、前掲正平七年正月日付高麗経澄軍忠状など）。

観応の擾乱第二幕は、尊氏の勝利で決した。以上の経過を見てもわかるとおり、戦いの帰趨を決したのは宇都宮・薬師寺の関東勢であった。関東地方の地盤に期待して東国に転進した直義は、皮肉にも関東地方の武士に敗北したのである。また高師直の重臣であった薬師寺公義は、広い意味で高一族の復讐を果たしたとも言えるであろう。

ところでこの戦いの最中、直義に与していた鎌倉公方基氏は何をしていたか。戦いを避けて安房国方面へ赴いたとする説もあるが、これを裏づける確実な史料は存在しないようである。常識的に考えれば、直義とともに伊豆国府にいたと考えるのが自然であろう。

直義墓所（神奈川県鎌倉市浄妙寺・浄妙寺境内）

直義の死

直義に勝利したとは言え、関東には上杉氏の残党が多数潜伏している。正平一統で同盟しているとは言え、新田氏等の南朝勢力も油断ならない。尊氏は、しばらく鎌倉に腰を落ち着けて東国統治に専念することにした。

正平七年二月二五日、基氏が一三歳で元服した。甥にして養子である基氏の元服を見届けて、翌二六日に直義は死去した（『建武三年以来記』同日条など）。四六歳であった。

死去した場所は、延福寺（『常楽記』）、大休寺（『鎌倉大日記』）、鎌倉稲荷智円法師坊（『建長寺年代記』）と記録されているが、すべて浄妙寺《じょうみょうじ》境内にある。浄妙寺は足利義兼が創建した寺院で、鎌倉の足利邸にも隣接し、同氏と縁が深い。敗戦後、直義はここに幽閉されていたのであろう。

よく指摘されるように直義が死んだ日は、高師直以下高一族が武庫川辺で惨殺された日と同日である。また、実子如意王の一周忌の翌日でもある。彼らが死んでから、直義もあの世へ旅立つまでわずか一年しか経っていないのは驚くべきことである。

死後、直義は「大休寺殿」と称された。かつて直義をそそのかして観応の擾乱のきっかけを作った曲学阿世の僧妙吉が住職を務めた、京都一条戻橋にあった寺の名である。ただし浄妙寺境内にも「大休寺跡」と称される一角があり、現在は洋館が建ってレストランとなっている。

ところで、直義は尊氏に毒殺されたとする説が古くから有力である。しかし別の機会にも論じたことがあるが、直義の死は自然死であった可能性が高いと筆者は考えている。

貞和五年八月クーデターで失脚して以来、直義の消極性や無気力ぶりは今までも詳しく見てきたとおりである。政治に対する情熱を完全に失った直義など、それこそ中先代の乱のような不測の事態でも起こらない限りは、もはや暗殺する必要もなかったのではないだろうか。また峰岸純夫氏も、毒殺説に懐疑的な見解を示している。なお、毒殺を命じたのを義詮とする論者もいるが、当時鎌倉から遠く離れた京都にいた彼にそれを遂行するのは物理的に不可能であろう。

4　直義死後の室町幕府

直義派あるいは直義に近かった武将たちは、彼の死後どうなったのであろうか。

直義派諸将のその後

細川顕氏は、尊氏が東国に出陣した後、京都にとどまって義詮を補佐した。正平七年（北朝観応三、一三五二）閏二月、南朝が講和を破って京都に侵攻し、正平の一統が破綻した。顕氏は観応三年四月二五日から幕府軍の大将として南朝後村上天皇が籠城する石清水八幡宮を攻撃し、子息政氏の戦死という犠牲を払いながらも五月一一日に陥落させた。しかし直後の七月五日、顕氏は急死した。直義の死のわずか半年後である。

畠山国清は尊氏の東国下向に従軍し、正平七年閏二月の武蔵野合戦で活躍する。文和二年（一三五三）七月、尊氏が帰京して尊氏―義詮の東西分割統治体制が解消すると、鎌倉公方足利基氏の下で関東執事に就任する。しかし康安元年（一三六一）に突然失脚して、自身の守護分国伊豆に下る。翌二年、公方基氏の総攻撃を受けて没落した。その後、弟義深が幕府から赦免を受け、甥基国が三代将軍義満に重用されて管領に就任した。最終的に畠山氏は、宗家が河内・越中・紀伊、分家が能登の守護を相伝する室町幕府三管領家の一つとして長く栄えるのである。

最も過激な直義派だったと言える桃井直常は、直義の死後も南朝に属して尊氏と頑強に戦い続けた。

文和四年（一三五五）正月には、当時南朝に帰参していた直冬を大将として、斯波高経・山名時氏等の旧直義派武将とともに一時京都を占領する。一時幕府に帰参したこともあったが離反し、応安三年（一三七〇）嫡子直和が本拠地越中国で戦死し、翌四年直常も大敗して歴史の表舞台から姿を消す。室町期には直常の弟直信流の桃井氏が、将軍直轄軍奉公衆の二番番頭として残存する。

斯波高経は、桃井直常と比較すると反尊氏派としては不徹底で、幕府からの離反と復帰を繰り返す。康安二年七月二三日、嫡子義将《よしゆき》が将軍義詮の下で幕府執事に就任し、高経は幕政を主導する。貞治五年（一三六六）八月に高経は失脚し、翌六年七月、越前国杣山城で高経は幕府軍に包囲される中死去した。だが高経の死後、義将がすぐに赦免されて幕府に復帰し、やがて斯波氏は尾張・越前・加賀を守護分国とする管領家として確立するのである。

山名時氏は、文和二年六月に南朝二度目の京都占領に貢献する。文和四年にも、前述したとおり足利直冬麾下の武将として京都に攻め上り、将軍尊氏と死闘を繰り広げる。貞治二年（一三六三）九月、幕府に帰参する。山名氏はその後も勢力を拡大し続け、一時は日本全国六六カ国の六分の一を占める一一カ国を支配した。そのため、明徳二年（一三九一）に将軍義満の討伐を受け、勢力を大幅に激減させた（明徳の乱）。しかし、最終的には但馬等六カ国の大守護家として定着し、侍所頭人を不定期に務める四職の一つとして幕閣に君臨するのである。応仁・文明の大乱で西軍を率いた山名宗全（持《もち》豊《とよ》）は有名であろう。

吉良満義も、直義死後も南朝に属して幕府と戦いを続け、文和二年六月の南朝京都占領に参戦するが、やがて幕府に帰順した模様で延文元年（一三五六）に死去する。子息満貞は貞治二年に引付頭人に就任するが、守護分国を獲得することはできず、吉良氏は将軍家に匹敵する高い家格を維持するものの、その勢力はふるわなくなる。

石塔頼房は直義の北陸没落後に伊勢国で挙兵し、父義房は武蔵野合戦で南朝新田義興とともに一時鎌倉を占領する。その後、頼房は文和二年・同四年・康安元年の三回にわたって南朝に属して京都を占領する。しかし、以降の石塔氏は極度に衰退した模様である。

高師秋は、直義死去の前後に尊氏に従ったと思われる。子息高師有は、後に鎌倉公方足利基氏の下で関東執事を務めた。師有の子師英は、京都に移住して将軍義満に仕え、山城守護を長年務めた。高一族は、以降も京都や鎌倉で将軍や公方に奉公衆として従った。

足利基氏は、室町幕府の東国統治機関・鎌倉府の首長である鎌倉公方の初代となる。右に見た高師有や上杉憲顕等旧直義派の武将を積極的に登用・優遇した。その結果、鎌倉府においては旧直義派の勢力が優勢となる。前述した直義に倣って田楽を見なかった逸話など、基氏が叔父であり養父でもあった直義を終生敬愛していたことが窺える。

一方で基氏は、京都の兄義詮には一切敵対せずに従順で、室町幕府の覇権確立に積極的に貢献した。これも間近で父と叔父の戦いを見ていた影響であろう。だが基氏子孫の鎌倉公方たちは、徐々に京都に対して反逆の姿勢を現すようになり、遂に永享一〇年（一四三八）、曽孫の四代公方足利持氏が六代将軍足利義教《よしのり》に討伐され、鎌倉府は一時滅亡する。

上杉憲顕（山内）は直義が死去した後も南朝に帰参して幕府に抗戦を続けていたが、貞治元年（一三六二）に基氏の勧誘で鎌倉府に帰参する。最終的に上杉氏は関東管領を務め、山内上杉氏が伊豆・上野、犬懸上杉氏が上総、さらに越後守護家が越後の守護を世襲した。武蔵は山内・犬懸のうち、管領に就任した方が守護を務めた。

上杉朝定（扇谷）は、直義が死んだ直後、観応三年三月九日に信濃国で死去した。上杉朝房（犬懸）は、上総・信濃守護を歴任した後、応安元年（一三六八）に上杉能憲（山内）とともに二代鎌倉公方足利氏満の下で関東管領に就任している。後に京都に戻り、将軍義満に仕えた。

最後に足利直冬。擾乱第一幕の後に鎮西探題と認められた直冬であるが、直義の北陸没落とともに、この地位も反故とされる。九州における勢威も衰え、中国地方に転進する。

やがて南朝に転じ、再三述べるとおり文和四年に桃井直常・斯波高経・山名時氏・石塔頼房等旧直義派武将を率いて一時京都を占領する。そして実父尊氏・弟義詮と激戦を繰り広げるが、結局敗退する。以降、直冬は中国地方の一弱小勢力に転落し、その反幕活動もきわめて低調となる。没年も諸説あるが、応永七年（一四〇〇）説が有力とされる。

嘉吉元年（一四四一）、播磨守護赤松満祐《みつすけ》が将軍義教を謀殺する。嘉吉の乱である。このとき、満祐は直冬の孫の僧侶を還俗させて義尊《よしたか》と名乗らせて、旗印に担いだ。しかし満祐は滅ぼされ、足利義尊も翌二年三月、京都で畠山持国《もちくに》に殺害された。

直義は死後、贈位の沙汰を受け、神格化もなされた。これも森茂暁氏の直義伝記に詳しく紹介されているので、本書でも簡単にまとめたい。

贈位と神格化

まず延文三年（一三五八）二月一二日、直義は北朝から従二位を追贈された（『愚管記』同日条）。出家した人物が、死後に追贈の宣下を受けることはきわめて異例であった（『太平記』巻第三三）。この贈位は、将軍尊氏の病気が直義の怨霊の仕業であると考えられたため、それを鎮めるためであったと推定されている。しかし贈位の甲斐もなく、同年四月三〇日に尊氏は死去した。

その後正二位を追贈されるが、正確な時期は不明である。康安二年七月二二日には、直義の霊を勧請して天龍寺の傍らに仁祠が構えられた（『愚管記』同日条など）。「大倉二位明神」の神号が与えられた（『建長寺年代記』など）、「大倉宮」と称された（『愚管記』文安五年（一四四八）九月二九日条）。「大倉」とは、源頼朝が鎌倉幕府を樹立したとき、最初に政庁を構えた鎌倉の地名にちなむと考えられる。直義が死去した浄妙寺は、この大倉御所跡から東方わずか数百メートルの至近距離にある。

『愚管記』は、直義神格化の理由についていささか訳ありであったと述べるにとどまるが、翌日の斯波義将の執事就任と関係すると筆者は考える。この時期は、斯波高経の嫡孫義高《よしたか》が引付頭人に就任して引付方の活動が活性化するなど、直義政治への回帰志向も見られた。旧直義派の山名氏や上杉氏が帰参したことも、すでに述べたとおりである。旧直義派であった斯波氏が幕政の主導権を掌握するに伴い、直義を顕彰する動きも出てきたと考えられる。

また、室町幕府は直義の供養行事もたびたび行った。貞治三年（一三六四）二月二六日には、直義の一三回忌が等持寺で開催され、将軍義詮自身が出席した（『師守記』同日条裏書）。応安元年（一三六八）二月二六日には一七回忌（『龍湫和尚語録』）、永徳四年（一三八四）二月二六日にも三三回忌が将軍義満主催で開催されている（『空華日用工夫略集』同日条）。さらに、嘉吉元年頃まで直義の年忌法要が複数回行われたことが確認できる（『蔭涼軒日録』同年二月六日条など）。幕府は、直義の死後少なくとも一世紀近くにわたって彼を慰霊し続けたのである。

なお、将軍義満の子息に足利義嗣という人物がいる。彼は将軍義持の八歳違いの異母弟であるが、兄以上に義満に寵愛され、一時は皇位継承者とされていたとする学説まで存在するほどである。しかし義満死後はその立場が悪化し、応永二五年（一四一八）正月二四日に謀反の疑いで殺害された。この義嗣も、死後従一位を追贈され、神格化もなされて「新大倉宮」と称された。このネーミングから、義嗣の存在が直義に準じてとらえられていたことが窺えるのは興味深い。

管領制度の確立

直義死後における同派諸将の動向からも窺えるとおり、彼の死後も南北朝内乱は果てしなく続いた。複雑怪奇な離合集散が繰り返され、紛争は無限に続くかと思われた。しかし最終的に室町幕府の覇権が確立し、明徳三年（一三九二）に南北朝合一が行われて皇統が北朝後小松天皇に一元化し、約六〇年におよぶ戦乱が終結した。

この間、室町幕府の制度・組織も紆余曲折の複雑な変化を遂げた。しかし総体的に見れば、直義の政治は消滅したと言わざるを得ない。

少なくとも九〇通以上発給され、直義政治を象徴した裁許下知状は、直義の死後は残存数が激減する。義詮は下知状を九通しか残していない。将軍義満期になるとさらに減少し、応永八年（一四〇一）一〇月を最後に、所務沙汰裁許の下知状は消滅してしまう。以降、裁許は原則として将軍の御判御教書で行われた。応永二七年（一四二〇）頃、将軍義持期に段銭免除・守護使不入命令で一時下知状形式が採用されるがすぐに途絶えた。その後下知状形式の文書は、奉行人が発給する過所（通行許可証）に限定された。

引付方も中絶を繰り返しながら徐々に衰退し、応永元年（一三九四）の吉良俊氏奉書を最後に引付頭人奉書も消滅する。引付方の機能は、執事を発展させた役職である管領に吸収されるのである。鎌倉幕府以来の評定衆や引付衆も形骸化し、室町期には形式的な身分に過ぎなくなる。所領安堵の手続も簡略化し、変質した。禅律方も義満期に廃止され、僧録という機関に代わった。安国寺・利生塔も、特に利生塔は衰退が著しく、現代に残るものは一基もない。

幕府の政策基調も、直義の死後劇的に変わった。観応の擾乱期、将軍尊氏―義詮父子は、恩賞充行袖判下文をそれまでになかった高い頻度で発給した。およそ二四〇年間続いた室町幕府において、この時期の恩賞充行の件数が最も多いのである。むろん施行状も多数発給され、執事だけではなく引付頭人や将軍も施行状を出した事例が見られる。

守護も闕所地処分権を大幅に認められた。観応三年七月二四日制定幕府追加法第五六条で、近江・美濃・尾張三カ国の本所領年貢半分を兵粮料所として一年に限定して軍勢に預け置く権限が守護に認められた。いわゆる半済令である。同年八月二一日までには半済の対象地域が八カ国に拡大し（同日制定第五七条）、やがて年限も拡大して下地の分割も認められた。守護の権限拡大に抑制的であった直義期との差違は顕著である。

一方では、直義期（と言うより鎌倉期）以来の寺社本所領保護政策も継続した。特に義詮末期には、その路線に回帰した観もある。しかし当時は幕府の政権基盤が相当程度確立した段階であり、きわめて不安定だった直義期における保護政策と同列に並べることはできない。

また直義期には成功に限定されていた叙位任官も、擾乱以降は軍忠に対する恩賞として堂々と与えられるようになった。恩賞としての叙任はすでに建武政権や南朝でも行われていたので、ようやく追いついた感じがする。

最終的に、下文→施行状→守護遵行状→……という執事高師直が創始した新しい命令系統が、幕府の基軸のシステムとして定着する。また前述したとおり、執事は引付頭人の権限も吸収し、すべての遵行命令発給権を一元的に掌握し、「管領」と呼ばれるようになった。微修正を繰り返しながら応仁・文明の乱まで継続した管領制度は、室町幕府の根幹を占める体制であったと評価できる。「政策の妥当性および継続性」の観点から見る限り、観応の擾乱における真の勝者は師直であったと結論づけざるを得ないのである。

直義の遺産

とは言え、直義が創始したもので、その後の室町幕府に残ったものもいくつか存在する。

まずは森茂暁氏がすでに指摘したように、弓場始・武家五壇法といった諸儀式である。弓場始も本書にすでに登場したが、これは天皇が弓場殿に臨んで公卿以下殿上人の賭弓をご覧になった朝廷の行事が、鎌倉幕府に導入されたものである。

この儀式を室町幕府に持ち込んだのは直義だったとされる。建武二年（一三三五）正月七日に、当時鎌倉にあった直義邸で開催されたことが知られる（『御的日記』）。幕府発足以降、弓場始は基本的に尊氏邸で開催されたが、康永四年（一三四五）一月二七日には三条殿（『御的日記』）、貞和三年（一三四七）正月一二日および貞和五年（一三四九）正月二一日にも三条殿で行われたことを確認できる（それぞれ『師守記』同日条）。貞和三年には正月一〇日に尊氏邸において、貞和五年には尊氏邸でも三条殿と同日に開催されており、弓場始は毎年正月に両者の邸宅で行われる原則だったと思われる。

五壇法は密教で行う修法の一つで、息災・増益・調伏の目的で朝廷や公家で修された国家行事である。この五壇法が室町幕府において初めて開催されたのが、貞和二年（一三四六）九月二六日に三条殿においてであった（『賢俊僧正日記』同日条）。以降、大永年間（一五二一〜二八）に廃絶するまで、武家五壇法の開催数が朝廷・公家のそれを大きく凌駕している。これも直義の遺産の一つであった。

直義の邸宅で初期幕府の政庁だった下京の三条殿も、空間的に室町幕府に大きな足跡を残した。貞和五年一〇月に鎌倉から上洛した義詮が移住して以来、三条殿が義詮の政庁となったことはすでに述べた。しかし正平七年閏二月二〇日、南朝軍が幕府との講和を破棄して京都に攻め込み、三条殿が焼失する。

貞治四年（一三六五）二月一一日、二代将軍義詮は復興された三条殿に移住する。これは直義期の三条殿の東隣に位置するので厳密に言えば異なるが、理念的に同一と見てよいだろう。

この三条殿造営には、旧直義派で当時幕政を主導していた斯波高経が大いに尽力した。高経は自ら造営奉行に就任し、彼の大工が工事を担当した。越前国にあった高経邸を解体・移築して、寝殿を建てる凝り様であった。貞治六年（一三六七）一二月七日に死去するまで、義詮はこの三条殿に居住して政務を執った。なお直義の三条殿跡地には、義詮が三条坊門八幡宮を創建した。現在の御所八幡宮である。これも直義を鎮魂する目的があったことが指摘されている。

次の三代将軍義満も、永和四年（一三七八）までの約一〇年間は三条殿に住んだ。その後、「花の御所」の異称で名高い室町殿を上京に造営して、ここに移住したのはよく知られている。「室町殿」は室町幕府の最高権力者の称号となり、この政権の名称の由来ともなった。義満はさらに、京都北山にあった西園寺家の別荘に巨大な政庁を建設し、応永四年（一三九七）に移住して「北山殿」と呼ばれた。これが、金閣で有名な現在の鹿苑寺である。

しかし義満の死後に幕府の最高権力者となった四代将軍義持は、応永一六年（一四〇九）一〇月二六日に三条殿に移住した。以降、応永三五年（一四二八）正月一八日に義持が死去するまで、二〇年近くの長期間にわたって三条殿は幕府の政庁として使用された（ただし、義持の称号は「室町殿」であった）。次代の六代将軍義教も、永享三年（一四三一）一二月一一日に室町殿に移住するまでの約三年間は三条殿で政務を行った。

こうして見ると、三条殿が直義死後も幕府の政庁の一つとして意識され、実際に長期間使用されたことがわかる。特に義教期までは、幕府の政庁が上京の室町殿〈上御所〉と下京の三条殿〈下御所〉の二カ所に存在し、将軍の代替わりごとに移転している観さえある。

八代将軍義政期以降は三条殿は荒廃し、寛正三年（一四六二）七月頃にはその正確な位置さえも不明となっていた。しかしはるかに後年の永正五年（一五〇八）六月、一〇代将軍義稙《よしたね》は三条殿の古御所の造営を開始した。時は戦国時代、義稙は各地を転戦して建築事業はなかなか進展しなかったが、永正一一年（一五一四）一二月頃に三条殿に移住した。直義の三条殿の意識は戦国期まで残存し、将軍の御所に影響を与えたのである。

室町幕府における党派対立にも、直義の影響が看取できる。義詮期以降の幕府は、旧尊氏派の系譜をひく細川氏〈頼春の系統〉を中心とする派閥と、旧直義派の継承勢力である斯波氏の派閥が対立し、抗争する展開となった。執事〈管領〉の就任者を見るだけでも、細川清氏〈尊氏〉→斯波義将〈直義〉→執事不在→細川頼之《よりゆき》〈尊氏〉→斯波義将→細川頼元《よりもと》〈尊氏〉→斯波義将と、まるで尊氏党と直義党の二大政党が交互に政権交代を果たしている観さえある。

その次に管領に就任したのが畠山基国で、これで細川・斯波・畠山の三管領家が成立したのであるが、この基国がかつて尊氏と直義の間を巧妙に立ち回った畠山国清の甥であり、中間派的な位置づけであったことも興味深い。

こうした党派対立の構図は応仁・文明の乱頃まで継続すると筆者は考えているが、これが守護を相互に牽制させ、将軍権力の安定に寄与した側面は少なからず存在したと思われる。直義の存在と直義派の形成は、幕府に思わぬ副産物をもたらしたのである。

直義の歴史的評価

この問題に関しては、すでに本書の随所で触れているので、本項ではできるだけ簡潔に要約して論じたい。

まず確実に言えることは、足利直義がいなければ、室町幕府は存在していなかったことである。中先代の乱を鎮圧したことで自信を得た直義が、消極的な兄尊氏を無理に引っ張って幕府樹立に邁進したのが、足利政権発足の最大の理由であろう。これがなければ、後醍醐による天皇親政が名実ともに完成し、足利氏も公武統一政権を忠実に支える有力勢力として存続した可能性が非常に高いと筆者は考える。室町幕府誕生における直義の功績は強調しても強調しすぎることなく、不朽であろう。

しかし、そのために直義は強引な政治手法を使わざるを得なかった。中先代のどさくさに紛れて護良親王を殺害したことは、結果的には卑劣な反逆行為として新田義貞に糾弾されることとなった(『太平記』巻第一四)。また後醍醐の帰京命令に応じようとした尊氏を制止し、義貞誅伐の軍勢催促を尊氏に先駆けて行い、尊氏を挙兵せざるを得ないように追い込んだ。綸旨を偽作して尊氏を欺いたとする『太平記』巻第一四の所伝も、真偽はともかくとして目的のためには手段を選ばない直義の体質をよく反映している。

こうした直義の体質は、室町幕府が樹立されてからも変わらなかった。観応の擾乱において、高師直に理不尽な先制攻撃を仕掛けたのは直義である。これも繰り返し指摘しておきたい。南朝に降伏するという禁じ手を使用したのも、直義が先である。出家を条件に助命するとの約束を破って、高一族を惨殺したのも彼である。

本書冒頭で述べたことの繰り返しになるが、権謀術策のマキャヴェリストであるとする江戸時代の直義に対する評価は、一面の真理を突いているのである。戦後の高評価の陰に隠れているが、こうした側面にも注目するべきであろう。

室町幕府が発足してからは、一転して鎌倉幕府以来の保守的政策を踏襲し、新興武士の台頭を抑止し、寺社本所や御家人の権益を擁護する政策を採用した。また謹厳実直で、厳格真摯な姿勢で政道に邁進したのも確かである。そのため、北朝光厳上皇との堅い友情や政治的な絆も生じた。直義高評価の最大の論拠がこの点である。

しかし、これは主に所務沙汰を司ったことによって後天的に形成された性質であったと筆者は考える。妾腹の出身で本来は国政に携わる可能性がほとんどなかった直義も、当時の多くの武士たちと同様、家柄にとらわれない実力主義者で伝統的権威を軽視するところがあった。そのため護良殺害や建武政権への謀反を平然と敢行できたし、佐々木導誉の狼藉にも大した処分を下さなかった。光厳上皇との信頼関係も、南朝に降伏することで自ら破壊したのである。

また直義の保守政策が、当時の政治・社会情勢に適合しなかったこともやはり否定できない。尊氏—師直の恩賞充行に不満を持つ武士たちに直義が期待されたことも観応の擾乱の大きな要因であるが、結局彼はその期待に応えることができなかった。

その原因は、実子如意王が陣中で病死し、悲嘆に暮れて政治に対する意欲を完全に失ったことも大きいが、本質的にはやはり兄尊氏を本気で討つ気がなかったからであるに違いない。尊氏と抗戦している最中でさえ、直義は恩賞充行を行使しなかったほどである。この点、後醍醐天皇に対する尊氏の態度と酷似している。

加えて近年は、理想の仏教王国の建設を目指したとする評価まで登場した。しかし、これもすでに論じたとおり、過大評価はできない。仏教の振興は、権力を持った中世の武士なら誰でも行ったことである。

結局足利直義は、よくも悪くも中世日本の武士であり、政治家であった。論点の多い魅力あふれる人物であるが、だからこそ彼のありのままの姿を冷静に評価することが、非業の死を遂げた彼に対する何よりの供養だと考えるのである。

主要参考文献

伊藤喜良「初期の鎌倉府」（同『中世国家と東国・奥羽』（校倉書房、一九九九年、初出一九六九年）
井上宗雄『改訂新版　中世歌壇史の研究　南北朝期』（明治書院、一九八七年、初版一九六五年）
今枝愛真『中世禅宗史の研究』（東京大学出版会、一九七〇年）
＊特に初期室町幕府の禅宗に関わる制度や政策を網羅的・体系的に叙述した禅宗史研究の基本文献である。
今江廣道「前田本『玉燭宝典』紙背文書に関する覚書」（同編『前田本『玉燭宝典』紙背文書とその研究』続群書類従完成会、二〇〇二年、初出一九七七年）
岩元修一「室町幕府禅律方について」（川添昭二先生還暦記念会編『日本中世史論攷』文献出版、一九八七年）
上島有「室町幕府草創期の権力のあり方について」（『古文書研究』一一、一九七七年）
上島有『中世花押の謎を解く――足利将軍家とその花押』（山川出版社、二〇〇四年）
＊歴代足利氏の花押について詳しく解説した書物である。筆順やデザインの由来等についても考察されており、読み物としても楽しい。
上杉和彦／明治大学中世史研究会「明治大学図書館所蔵『青蓮院文書』――中世文書を中心に」（『駿台史学』一三六、二〇〇九年）
小川剛生『武士はなぜ歌を詠むか――鎌倉将軍から戦国大名まで』（角川学芸出版、二〇〇八年）
小川信『足利一門守護発展史の研究』（吉川弘文館、一九八〇年）

笠松宏至「足利直義」（豊田武編『人物・日本の歴史　第5巻　内乱の時代』読売新聞社、一九六六年）
＊短編で古い伝記であるが、直義について深く分析・考察された好論である。
笠松宏至「安堵の機能」（同『中世人との対話』東京大学出版会、一九九七年、初出一九八六年）
亀田俊和『室町幕府管領施行システムの研究』（思文閣出版、二〇一三年）
亀田俊和「足利直義下文の基礎的研究」（『鎌倉遺文研究』三四、二〇一四年）
亀田俊和『高　師直――室町新秩序の創造者』（吉川弘文館、二〇一五年）
＊史上初の高師直伝記である。師直悪玉史観を一蹴し、師直を行政能力に優れた改革派政治家として評価する。
本書の姉妹編とも言える書物である。
亀田俊和『高一族と南北朝内乱――室町幕府草創の立役者』（戎光祥出版、二〇一六年）
黒田日出男『国宝神護寺三像とは何か』（角川学芸出版、二〇一二年）
小要博「足利義詮と下知状形式文書」（『史路』一、一九七八年）
佐伯弘次「南北朝時代の博多警固番役」（『史淵』一四六、二〇〇九年）
佐藤進一「室町幕府開創期の官制体系」（同『日本中世史論集』岩波書店、一九九〇年、初出一九六〇年）
＊尊氏・直義兄弟の所謂「二頭政治」論を実証面から論証した論文である。直義の権限の分析など、実証的歴史学のお手本と評価すべきである。
佐藤進一「室町幕府論」（右所掲同氏著書、初出一九六三年）
佐藤進一『南北朝の動乱』（中央公論社、一九七四年、初出一九六五年）
＊南北朝時代の通史である。現代なおこの時代の研究を志す者にとって、必読の書である。
佐藤進一『日本の中世国家』（岩波書店、一九八三年）
清水克行『足利尊氏と関東』（吉川弘文館、二〇一三年）

＊足利尊氏の人間像や鎌倉時代の歴代足利氏当主に関する定説を再検討し、斬新な見解を提示した書物である。本書第一章・第二章の記述は、これに大いに依拠している。足利・鎌倉の史跡見学に便利なガイドが充実しているのもありがたい。
鈴木由美「中先代の乱に関する基礎的考察」（阿部猛編『中世の支配と民衆』同成社、二〇〇七年）
瀬野精一郎『足利直冬』（吉川弘文館、二〇〇五年）
田坂泰之「室町期京都の都市空間と幕府」（『日本史研究』四三六、一九九八年）
田中奈保「貞和年間の公武徳政構想とその挫折――光厳上皇と足利直義の政治的関係から」（阿部猛編『中世政治史の研究』日本史史料研究会、二〇一〇年）
田辺久子『関東公方足利氏四代――基氏・氏満・満兼・持氏』（吉川弘文館、二〇〇二年）
谷口雄太「足利一門再考――「足利的秩序」とその崩壊」（『史学雑誌』一二二―一二、二〇一三年）
玉村竹二「足利直義禅宗信仰の性格」（同『日本禅宗史論集　下之二』思文閣出版、一九八一年、初出一九五八年）
＊直義の禅宗信仰が、母の実家上杉氏の影響を受け、中国直輸入の純粋で非寛容な仏光派・古林派に傾倒していたことを解明した論文である。
外山英策『室町時代庭園史』（思文閣出版、一九七三年、初出一九三四年）
＊室町時代の足利将軍や家臣、禅僧や寺院の庭園について包括的に紹介した古典的な書物である。本書では、直義の三条殿について大いに参照した。
長又高夫「建武政権における安堵の特質――雑訴決断所設置後を対象として」（『史学研究集録』一三、一九八八年）
羽下徳彦「足利直義の立場――その一　軍勢催促状と感状を通じて」（同『中世日本の政治と史料』吉川弘文館、

一九九五年、初出一九七三年）
羽下徳彦「足利直義の立場――その二　裁許状を通じて」（右所掲同氏著書、初出一九七三年）
＊足利直義の裁許下知状を網羅的に収集し、様式や裁許の基準等について検討した論文である。直義裁許下知状については、その後岩元修一氏等の論考も登場したが、羽下論文は基本文献として重要である。
羽下徳彦「観応擾乱――南北朝内乱の第二段階」（右所掲同氏著書、初出一九九二年）
羽下徳彦「足利直義の立場――その三　足利直義・私論」（右所掲同氏著書、初出一九九四年）
早島大祐『室町幕府論』（講談社、二〇一〇年）
兵藤裕己『太平記〈よみ〉の可能性――歴史という物語』（講談社、一九九五年）
深津睦夫「勅撰集と権力構造――風雅集・雑歌下・巻頭部の述懐歌群をめぐって」（『国語国文』七五―三、二〇〇六年）
細川武稔「足利氏の邸宅と菩提寺――等持寺・相国寺を中心に」（同『京都の寺社と室町幕府』吉川弘文館、二〇一〇年、初出一九九八年）
前田育徳会『国宝　宝積経要品――高野山金剛三昧院奉納短冊和歌』（勉誠出版、二〇一一年）
松尾剛次「安国寺・利生塔再考」（同『日本中世の禅と律』吉川弘文館、二〇〇三年、初出二〇〇〇年）
＊安国寺・利生塔に関する今枝愛真氏の研究を批判的に継承し、研究水準を高めた論考である。
松山充宏「南北朝期守護家の再興――匠作流桃井氏の幕政復帰」（『富山史壇』一四二・一四三、二〇〇四年）
峰岸純夫『足利尊氏と直義――京の夢、鎌倉の夢』（吉川弘文館、二〇〇九年）
桃崎有一郎「初期室町幕府の執政と「武家探題」鎌倉殿の成立――「将軍」尊氏・「執権」直義・「武家探題」義詮」（『古文書研究』六八、二〇一〇年）
桃崎有一郎「建武政権論」（『岩波講座　日本歴史　第7巻　中世2』岩波書店、二〇一四年）

森茂暁「足利直義発給文書の研究――いわゆる「二頭政治」の構造」（『福岡大学人文論叢』四五―四、二〇一四年）
森茂暁『足利直義――兄尊氏との対立と理想国家構想』（角川学芸出版、二〇一五年）
＊笠松版伝記を別とすれば、事実上史上初の直義伝記である。直義の仏教政策に関する記述が充実している。
森茂暁「新出の足利直義裁許状について」（『七隈史学』一八、二〇一六年）
山田貴司「南北朝期における武家官位の展開」（同『中世後期武家官位論』戎光祥出版、二〇一五年、初出二〇〇八年）
山田敏恭「足利家時置文再考」（『人文論究』五八―一、二〇〇八年）
山田敏恭「南北朝期における上杉一族」（黒田基樹編著『関東管領上杉氏』戎光祥出版、二〇一三年、初出二〇一〇年）
山家浩樹「本所所蔵『賢俊僧正日記』暦応五年条について」（『東京大学史料編纂所紀要』九、一九九九年）
吉田賢司「室町幕府論」（『岩波講座　日本歴史　第8巻　中世3』岩波書店、二〇一四年）
米倉迪夫『源頼朝像――沈黙の肖像画』（平凡社、一九九五年）
＊神護寺所蔵伝源頼朝像の像主を足利直義に比定した、最初の書物である。
米倉迪夫「伝源頼朝像再論」（黒田日出男編『肖像画を読む』角川書店、一九九八年）

あとがき

本書は、筆者の単著として五冊目となる。二〇一五年八月に『高 師直――室町新秩序の創造者』（吉川弘文館）、次いで二〇一六年三月に『高一族と南北朝内乱――室町幕府草創の立役者』（戎光祥出版）を刊行してからわずか半月あまりで、高師直の宿敵である足利直義の伝記を刊行できるとは夢にも思わなかった。このような機会をいただいて、本当にありがたい。

今でこそ高師直好きとして知られる筆者であるが、本書はしがきで述べたとおり、かつては直義が好きで、研究者を志すきっかけとなった。大学の卒業論文では、観応の擾乱の不条理きわまりない急展開に興味を持ち、このメカニズムを解明することを志した。直義の裁許下知状や師直の権限を調べ、定説で強調されているほど両者の間に政策的相違は存在しないのではないかと論じた。今となっては、公表するのがはばかられる恥ずかしい駄文である。

修士論文の段階では、研究史が膨大である直義の「統治権的支配権」の研究を続けることに自信をなくした。代わって、尊氏の恩賞充行権を検討するために試行錯誤を繰り返すうちに、執事施行状の存在に注目して施行システムの研究を開始するに至った。

とは言え、直義は重要な研究課題であり続けているし、今も決して嫌いではない。苦心惨憺の末に執事施行状に関する処女論文を発表した後も、二本目の論文をなかなか世に出すことができなかった。投稿しては査読で落とされ続け、博士論文の提出期限がいよいよ迫り、研究者を続けていくことが危うくなってきた。かろうじてそれを回避した二本目の学術論文は、原則として直義の下文に施行状が発給されなかった理由を考察する内容を含んでいた。また、学術研究書を刊行した後に久々に発表した学術論文は、直義下文を網羅的に収集し、検討したものである。研究者人生の要所要所で、筆者は直義に助けられている気がするのである。

高師直の伝記は拙著が史上初であるが、直義の伝記も実は非常に少ない。管見の限りでは、はしがきで紹介した笠松宏至氏によるものと、二〇一五年に刊行された森茂暁氏の著書のみである。笠松版直義伝記は今読んでも感動的な好論であるが、短編であることもあり、彼の事蹟を網羅的には紹介していない。また公表されたのが一九六六年で、現代の研究水準から再検討する必要もある。森版は事実上史上初の直義伝記で、仏教を篤く信仰する直義の姿は詳しく描写されているものの、武将・政治家としての彼の事蹟にはなお言及する余地があると思われる。軍事と政治こそが直義の本業であり、やはりこれらを基軸に据えて記述する必要を痛感するのである。

以上を踏まえ、本書は本格的な直義伝記として、最新の研究成果に基づいて可能な限り網羅的に彼の事蹟に言及した。特に観応の擾乱の記述が充実していることがポイントだと自負している。従来の南北朝時代史を扱った諸書は、擾乱に関する記述があっさりとしており、大同小異である。ここまで丹念に擾乱の過程を追った著書や論文は類を見ないのではないかと思う。「擾乱のメカニズムを解明する」初心に、思わぬところで戻ったのである。その目標が果たせているかは、読者のご判断を待つしかない。

くわえて、将軍尊氏と三条殿直義の権限分割に関しての私見も提示できた。また、明るくて冗談や芝居がかった演出が好きで、末っ子で母親を慕う甘えん坊といった新たな直義の人間像を見出したことも大きいのではないかと考えている。こういう人間に率いられた初期の室町幕府は、意外に居心地がよくて楽しい環境だったのかもしれない。

そして、下文や下知状（直義下知状の書止文言は、本書の副題ともなっている）等の直義発給文書の美しさや格調の高さも、少しでも伝えることができればと思っている。

最後に、ミネルヴァ書房編集部の田引勝二氏に、篤く御礼申し上げます。

平成二八年八月三一日

亀田俊和

足利直義年

和暦	西暦	齢		
徳治 二	一三〇七	1	直義誕生。貞氏の	
嘉暦 元	一三二六	20	5・26直義、従五位下	
元弘 元	一三三一	25		
二	一三三二	26		
三	一三三三	27	6・12直義、左馬頭に任官。10・10直義、正五位下に昇進。11・8直義、相模守に任官。12・29直義、鎌倉将軍府執権として成良親王を奉じて、鎌倉に入る。	出。切り、六波 5・21新田義貞 ぼす。6・5後醍醐天皇 建武政権発足。
建武 元	一三三四	28	10月直義、護良親王を鎌倉に幽閉。	10・22大塔宮護良親王、失脚。
二	一三三五	29	7月中先代の乱。直義、武蔵国井出沢で北条時行軍	8月尊氏、京都を出陣し、各地

を迎撃するが敗北。護良親王を暗殺し、三河国矢作宿まで撤退。11月直義、武家の棟梁として、尊氏に代わって恩賞充行や軍勢催促等を行う。12・5直義、駿河国手越河原で新田義貞軍と交戦するが、敗北して箱根に撤退。

で時行軍を撃破し、鎌倉入り。9月尊氏、この頃後醍醐天皇に無断で恩賞充行権を行使。10・15尊氏、旧鎌倉幕府将軍邸跡に移住。11・19新田義貞を大将とする官軍が、足利兄弟討伐のために出陣。11月尊氏、政務を直義に譲って浄光明寺に引退。12・11箱根・竹ノ下の戦い。尊氏軍、義貞軍を撃破。尊氏、政務に復帰してふたたび諸権限を行使。

三

一三三六

30

正月足利軍、京都を包囲。直義は近江国瀬田方面の攻撃を担当。3・2筑前国多々良浜の戦い。直義、奮戦して足利軍の勝利に貢献。5・15直義、備中国福山城を攻撃。5・29直義、入京。赤山禅院に本陣を置き、比叡山を包囲。6・20直義、合戦

下京三条坊門に本陣を移す。

「三条殿」。この

方制

1・11足利軍、入京。2・3足利軍、摂津国兵庫嶋に撤退。

氏、元弘没収地

和暦	西暦	齢	事項	一般事項
			開始。	光明天皇即位。北朝発足。10・10尊氏と後醍醐天皇の講和が成立。11・2後醍醐、光明へ三種の神器を譲渡。11・7『建武式目』制定。室町幕府が正式に発足。12・21後醍醐、大和国吉野へ亡命。南朝発足。
四	一三三七	31	この年直義、安国寺・利生塔の建立事業を開始。	
暦応元	一三三八	32	8・11直義、従四位上に昇進し、左兵衛督に就任。この直後から、評定の式日開催と裁許下知状の発給が開始される。この年直義、等持院を建立。	5・22幕府執事高師直、南朝北畠顕家を和泉国堺浦の戦いで討ち取る。閏7・2新田義貞、越前国藤島の戦いで戦死。8・11尊氏、正二位に昇進し、征夷大将軍に就任。
二	一三三九	33	8月直義、天龍寺の造営事業を開始。	8・16後醍醐天皇崩御。
三	一三四〇	34		10・6佐々木導誉の妙法院焼き討ち事件。
四	一三四一	35	3・24出雲・隠岐守護塩冶高貞、無断出京。直義、高貞討伐を命じる。秋直義、天龍寺船を元に派遣。10・3直義、執事施行状の停止を試みる（3・10説	

			もあり）。	
康永元	一三四二	36	正月直義、重病に罹る。4・23直義、五山を決定。5・8三条殿火災。12・1直義、侍所頭人細川顕氏に命じ、土岐頼遠を処刑。この年直義、等持院を官寺化し、寺号を等持寺と改める。	9・6土岐頼遠、光厳上皇に狼藉を働く。12・23母上杉清子死去。
二	一三四三	37		7・3南朝北畠親房、直義と師直の不和を喧伝。
三	一三四四	38	9・23直義、従三位に昇進し、公卿に列する。この頃から、袖判下文の発給を開始。10・8直義、尊氏・夢窓疎石らとともに高野山金剛三昧院に和歌短冊を奉納。『夢中問答集』刊行。12・22三条殿火災。	3月幕府、三方制内談方発足。
貞和元	一三四五	39	2・21直義、三条殿に還住。4・23直義、神護寺に尊氏と自身の肖像画を奉納し、願文を捧げる。8・1直義、八朔の風習を禁止。8・29天龍寺落慶供養。	
二	一三四六	40	この年直義、光厳上皇と提携し、公武徳政政策を推進。	
三	一三四七	41	6・8直義実子如意王誕生。	
四	一三四八	42	9月直義、大覚寺統邦省親王の立太子を阻止。	1・5河内国四条畷の戦い。5月直冬、紀伊遠征。10・27北朝崇光天皇即位。

五	一三四九	43	2月勅撰『風雅和歌集』完成。直義詠歌一〇首入撰。閏6月直義と師直の対立が表面化。直義、師直暗殺を謀り、報復に備えるか。8・14師直クーデターにより、直義失脚。9月直義、左兵衛督辞任。この頃錦小路堀河に移住。12・8直義出家。法名恵源。	4・11直冬、「長門探題」として西国に下向。閏6・15師直、執事罷免。8・21師直、執事に復帰。この頃、五方制引付方復活。9・9基氏、鎌倉公方として鎌倉へ出発。9・13直冬、備後国鞆で襲撃される。以降、没落先の九州で猛威をふるう。10・25義詮、三条殿に移住し、直義の地位を継承。
観応元	一三五〇	44	4・21頃直義の勧進により、歌集『玄恵追悼詩歌』完成。10・26直義、京都を脱出し、大和国へ亡命。11・21直義、河内国石川城へ入城。11月直義、師直・師泰の誅伐を命じる軍勢催促状を発給。12・17直義、南朝への降伏手続を完了。	6・21高師泰、直冬討伐のため、西国に出陣。10・28尊氏、西国に出陣。11・16佐々木導誉、尊氏の使者として参内し、直義追悼の院宣発給等を要請。12・29尊氏、備前国福岡より京都方面へ反転。
二	一三五一	45	1・7直義、石清水八幡宮に入城。2・17摂津国打出浜の戦い。直義軍が勝利。2・25如意王死去。2・26直義、摂津国武庫川辺で高一族を惨殺。2・	1・15義詮、京都を脱出。尊氏軍、桃井直常軍と京都で激戦。1・16尊氏、丹波国へ撤退。次

			28直義、帰京。3・2直義、尊氏と会談。4・25直義、高倉殿に移住。5・15直義と南朝との講和交渉が決裂。7・19直義、政務の引退を表明。7・30直義、京都を脱出して北陸へ没落。9・12近江国八相山の戦い。直義軍敗北。11・15直義、鎌倉入り。11・29直義軍、駿河国薩埵山に籠城した尊氏軍を包囲。12・29相模国足柄山の戦い。直義軍、敗北。	いで播磨国へ転進。1・17関東執事高師冬、甲斐国須沢城で戦死。2・12奥州探題畠山高国戦死。2・27尊氏、帰京。3・10義詮、帰京。6月義詮、御前沙汰を発足。7月引付方、活動停止。10・21仁木頼章、執事に就任。11・3尊氏、南朝に降伏(正平の一統)。11・4尊氏、東国へ出陣。
三	一三五二	46	1・5尊氏に降伏した直義、尊氏とともに鎌倉に入る。2・26直義、鎌倉浄妙寺で死去。「大休寺殿」と称される。	閏2月正平の一統破綻。武蔵野合戦。
延文 三	一三五八		2・12直義、従二位追贈。	4・30尊氏死去。
康安 二	一三六二		7・22天龍寺に直義の仁祠が設置され、「大倉二位明神」の神号が与えられる。	

＊西田幾多郎　大橋良介
＊金沢庄三郎　石川遼子
＊柳田国男　鶴見太郎
厨川白村　張競
＊村岡典嗣　水野雄司
大川周明　山内昌之
西田直二郎　林淳
＊折口信夫　斎藤英喜
九鬼周造　古川雄嗣
シュタイン　瀧井一博
西周　清水多吉
＊福澤諭吉　平山洋
＊加藤弘之　田中由香里
成島柳北　山田俊治
＊福地桜痴　山田俊治
＊村山龍平　早房長治
＊島田三郎　武藤秀太郎
田口卯吉　鈴木栄樹
＊陸羯南　松田宏一郎
有賀長雄　森田吉彦
＊黒岩涙香　奥武則
幸徳秋水　馬渕浩二
長谷川如是閑　織田健志
＊上杉慎吉　今野元
＊吉野作造　田澤晴子
＊山川均　米原謙
＊岩波茂雄　十重田裕一
＊北一輝　岡本幸治
＊穂積重遠　大村敦志
中野正剛　吉田則昭
＊荒畑寒村　川村邦光
＊満川亀太郎　福家崇洋
＊エドモンド・モレル　林田治男

＊北里柴三郎　福田眞人
高峰譲吉　木村昌人
田辺朔郎　秋元せき
＊南方熊楠　飯倉照平
＊辰野金吾　河上眞理・清水重敦
＊七代目小川治兵衛　尼崎博正
本多静六　岡本貴久子
＊ブルーノ・タウト　北村昌史
＊ウィリアム・メレル・ヴォーリズ　山形政昭・吉田与志也

現代

昭和天皇　御厨貴
高松宮宣仁親王　後藤致人
＊李方子　小田部雄次
芦田均　矢嶋光
吉田茂　中西寛
マッカーサー　柴山太
鳩山一郎　楠綾子
＊石橋湛山　増田弘
重光葵　武田知己
＊市川房枝　村井良太
＊池田勇人　藤井信幸
高野実　篠田徹
和田博雄　庄司俊作
ライシャワー　廣部泉
朴正熙　木村幹
＊全斗煥　木村幹

＊田中角栄　新川敏光
宮沢喜一　村上友章
竹下登　真渕勝
＊松永安左エ門　橘川武郎
鮎川義介　井口治夫
＊出光佐三　橘川武郎
＊松下幸之助　米倉誠一郎
渋沢敬三　井上潤
＊本田宗一郎　伊丹敬之
＊井深大　武田徹
＊佐治敬三　小玉武
幸田家の人々　金井景子
＊正宗白鳥　大嶋仁
倉田百三　山本直人
＊大佛次郎　福島行一
＊井伏鱒二　滝口明祥
＊川端康成　大久保喬樹
＊薩摩治郎八　小林茂
坂口安吾　千葉一幹
太宰治　安藤宏
松本清張　杉原志啓
司馬遼太郎　山本幸正
＊安部公房　鳥羽耕史
＊三島由紀夫　島内景二
井上ひさし　成田龍一
R・H・ブライス　菅原克也
柳宗悦　熊倉功夫
バーナード・リーチ　鈴木禎宏
＊熊谷守一　古川秀昭
川端龍子　岡部昌幸

藤田嗣治　林洋子
＊井上有一　海上雅臣
＊手塚治虫　竹内オサム
古賀政男　藍川由美
＊吉田正　金子勇
武満徹　船山隆
小津安二郎　宮本明子・松浦完二
＊八代目坂東三津五郎　田口章子
＊力道山　岡村正史
＊西田天香　宮田昌明
安倍能成　中根隆行
＊天野貞祐　貝塚茂樹
和辻哲郎　田中久文
＊矢代幸雄　稲賀繁美
石田幹之助　岡本さえ
＊平泉澄　若井敏明
＊早川孝太郎　須藤功
安岡正篤　片山杜秀
＊青山二郎　田野勲
＊島田謹二　小林信行
田中美知太郎　川久保剛
西脇順三郎　加藤孝男
前嶋信次　杉田英明
＊唐木順三　澤村修治
＊亀井勝一郎　山本直人
＊宮本常一　須藤功
知里真志保　モコットゥナシ
竹内好　田澤晴子
＊保田與重郎　谷崎昭男
＊石母田正　磯前順一
＊福田恆存　川久保剛

花森安治　葛西弘隆
井筒俊彦　安藤礼二
＊吉田満　貝塚茂樹
＊佐々木惣一　伊藤孝夫
高田保馬　金子勇
小泉信三　都倉武之
＊瀧川幸辰　伊藤孝夫
式場隆三郎　服部正
大宅壮一　有馬学
＊清水幾太郎　庄司武史
＊山本健吉　井上泰至
丸山眞男　河野有理
橋川文三　須藤健一
鶴見俊輔　冨山一郎
＊フランク・ロイド・ライト　大久保美春
＊中谷宇吉郎　杉山滋郎
今西錦司　山極寿一

＊は既刊
二〇二五年七月現在

＊横井小楠　沖田行司
＊古賀謹一郎　小野寺龍太
＊永井尚志　高村直助
＊岩瀬忠震　小野寺龍太
＊栗本鋤雲　小野寺龍太
＊大村益次郎　竹本知行
岩倉具視　斎藤紅葉
河井継之助　小川和也
松平春嶽　大石　学
＊西郷隆盛　家近良樹
＊由利公正　角鹿尚計
＊橋本左内　角鹿尚計
＊塚本明毅　塚本　学
松平容保　白石　烈
＊山岡鉄舟・高橋泥舟　岩下哲典
三条実美　奈良勝司
毛利敬親　三宅紹宣
＊月性　海原　徹
＊吉田松陰　海原　徹
＊高杉晋作　海原　徹
＊久坂玄瑞　一坂太郎
ペリー　遠藤泰生
ハリス　福岡万里子
オールコック　佐野真由子
アーネスト・サトウ　奈良岡聰智

近代

＊明治天皇　伊藤之雄
＊大正天皇　F・R・ディキンソン
＊昭憲皇太后・貞明皇后　小田部雄次
大久保利通　三谷太一郎
木戸孝允　落合弘樹
＊松方正義　室山義正
榎本武揚　醍醐龍馬
北垣国道　小林丈広
板垣退助　小川原正道
長与専斎　笠原英彦
大隈重信　五百旗頭薫
黒田清隆　久保田哲
伊藤博文　坂本一登
＊井上　毅　大石　眞
＊井上　勝　老川慶喜
三浦梧楼　大澤博明
＊桂　太郎　小林道彦
東郷平八郎　金澤裕之
＊渡邉洪基　瀧井一博
＊乃木希典　佐々木英昭
星　亨　小林道彦
林　董　奈良岡聰智
＊児玉源太郎　小林道彦
＊高宗・閔妃　木村　幹
山本権兵衛　室山義正
＊金子堅太郎　松村正義
＊高橋是清　鈴木俊夫
セオドア・ローズヴェルト　簑原俊洋
＊犬養　毅　小林惟司
＊加藤高明　櫻井良樹
牧野伸顕　小宮一夫
田中義一　黒沢文貴
内田康哉　高橋勝浩
平沼騏一郎　堀田慎一郎
＊鈴木貫太郎　小堀桂一郎
宇垣一成　北岡伸一
＊宮崎滔天　榎本泰子
＊浜口雄幸　川田　稔
幣原喜重郎　西田敏宏
関　一　玉井金五
水野広徳　片山慶隆
＊広田弘毅　井上寿一
＊安重根　上垣外憲一
＊グルー　廣部　泉
＊永田鉄山　森　靖夫
＊東條英機　牛村　圭
山本五十六　木村　聡
今村　均　前田雅之
蒋介石　劉　岸偉
近衛文麿　庄司潤一郎
＊岩崎弥太郎　武田晴人
伊藤忠兵衛　末永國紀
＊五代友厚　田付茉莉子
大倉喜八郎　村上勝彦
＊安田善次郎　由井常彦
＊渋沢栄一　武田晴人
中野武営　佐賀香織
山辺丈夫　宮本又郎
＊大川平三郎　四方田雅史
武藤山治　阿部武司・桑原哲也
池田成彬　松浦正孝
西原亀三　森川正則
小林一三　橋爪紳也
大倉恒吉　石川健次郎
大原孫三郎　猪木武徳
＊河竹黙阿弥　今尾哲也
イザベラ・バード　加納孝代
＊林　忠正　木々康子
＊森　鷗外　小堀桂一郎
＊二葉亭四迷　ヨコタ村上孝之
＊正岡子規　井上泰至
＊夏目漱石　佐々木英昭
＊徳冨蘆花　半藤英明
巌谷小波　千葉信胤
樋口一葉　佐伯順子
＊島崎藤村　十川信介
上田　敏　小林　茂
＊有島武郎　亀井俊介
志賀直哉　小林幸夫
北原白秋　平石典子
菊池　寛　山本芳明
＊芥川龍之介　高橋龍夫
＊宮沢賢治　千葉一幹
＊高浜虚子　坪内稔典
与謝野晶子　佐伯順子
＊種田山頭火　村上　護
＊斎藤茂吉　品田悦一
＊高村光太郎　湯原かの子
萩原朔太郎　坪井秀人
＊原阿佐緒　秋山佐和子
＊狩野芳崖・高橋由一　古田　亮
川村清雄　落合則子
＊小堀鞆音　小堀桂一郎
竹内栖鳳　北澤憲昭
中村不折　石川九楊
＊橋本関雪　西原大輔
土田麦僊　天野一夫
岸田劉生　北澤憲昭
濱田庄司　濱田琢司
＊山田耕筰　後藤暢子
松旭斎天勝　川添　裕
佐田介石　谷川　穣
＊ニコライ　中村健之介
＊出口なお・王仁三郎　川村邦光
＊新島　襄　太田雄三
新島八重　佐伯順子
木下広次　冨岡　勝
山川健次郎　小宮京・中澤俊輔
嘉納治五郎　クリストファー・スピルマン
＊柏木義円　片野真佐子
津田梅子　田中智子
＊澤柳政太郎　新田義之
＊河口慧海　高山龍三
＊山室軍平　室田保夫
大谷光瑞　白須淨眞
＊久米邦武　高田誠二
フェノロサ　伊藤　豊
井上哲次郎　井ノ口哲也
三宅雪嶺　長妻三佐雄
＊岡倉天心　木下長宏
志賀重昂　中野目徹
徳富蘇峰　杉原志啓
＊竹越与三郎　西田　毅
＊廣池千九郎　橋本富太郎
岩村　透　今橋映子

*新田義貞　山本隆志
*光厳天皇　深津睦夫
*足利尊氏　市沢　哲
*足利直義　亀田俊和
佐々木道誉　下坂　守
細川頼之　亀田俊和
円観・文観　田中貴子
足利義詮　早島大祐
*足利義持　吉田賢司
足利義教　秦野裕介
足利持氏　植田真平
*足利義政　木下昌規
三条西実隆　前田雅之
*日野富子　田端泰子
*大内義弘　平瀬直樹
伏見宮貞成親王　松薗　斉
*山名宗全　山本隆志
細川勝元・政元　古野　貢
畠山義就　呉座勇一
足利成氏　阿部能久
*世阿弥　西野春雄
雪舟等楊　河合正朝
宗祇　鶴崎裕雄
一条兼良　田村　航
*満済　森　茂暁
一休宗純　原田正俊
蓮如　岡村喜史

戦国・織豊

北条早雲　家永遵嗣
*北条氏綱　黒田基樹
*北条氏政　黒田基樹
大内政弘　山田貴司
*大内義隆　藤井　崇
*斎藤氏四代　木下　聡
*毛利元就　岸田裕之
*毛利輝元　光成準治
*小早川隆景・秀秋　光成準治
*六角定頼　村井祐樹
*今川義元　小和田哲男
*武田信玄　笹本正治
*武田勝頼　笹本正治
*真田氏三代　笹本正治
*三好長慶　天野忠幸
松永久秀　天野忠幸
*宇喜多直家・秀家　渡邊大門
*上杉謙信　矢田俊文
*大友義鎮　鹿毛敏夫
*龍造寺隆信　中村知裕
島津義久・義弘　福島金治
村上武吉・元吉　藤田達生
細川幽斎　鈴木　元
*長宗我部元親・盛親　平井上総
*最上氏三代　松尾剛次
浅井長政　長谷川裕子
蠣崎・松前氏五代　新藤　透
吉田兼倶　西山　克
山科言継　松薗　斉
正親町天皇・後陽成天皇　神田裕理
*雪村周継　赤澤英二
*足利義輝・義昭　山田康弘
織田長益　八尾嘉男
織田信雄　柴　裕之
*明智光秀・秀満　小和田哲男
豊臣秀吉　藤井讓治
豊臣秀次　矢部健太郎
*北政所おね　田端泰子
*淀殿　福田千鶴
筒井氏三代　片山正彦
蜂須賀正勝・家政　三宅正浩
前田利家　東四柳史明
*山内一豊・忠義　長屋隆幸
黒田如水　小和田哲男
*蒲生氏郷　藤田達生
大谷吉継　石畑匡基
石田三成　堀越祐一
*細川ガラシャ　田端泰子
伊達政宗　遠藤ゆり子
*支倉常長　田中英道
フランシスコ・ザビエル　浅見雅一
千利休　熊倉功夫
*長谷川等伯　宮島新一
*顕如　神田千里
教如　安藤　弥

江戸

*徳川家康　笠谷和比古
板倉勝重　谷　徹也
本多忠勝　柴　裕之
本多正純　小川　雄
柳生宗矩　福田千鶴
*徳川家光　野村　玄
柳沢吉保　福留真紀
*後水尾天皇　久保貴子
*光格天皇　藤田　覚
*春日局　福田千鶴
宮本武蔵　渡邊大門
上杉鷹山　小関悠一郎
*池田光政　倉地克直
保科正之　八木清治
シャクシャイン　岩崎奈緒子
天草四郎　菊池庸介
*田沼意次　藤田　覚
細川重賢　安高啓明
松平治郷　小林准士
*二宮尊徳　小林惟司
末次平蔵　岡　美穂子
*高田屋嘉兵衛　生田美智子
沢庵宗彭　芳澤　元
*林羅山　鈴木健一
吉野太夫　渡辺憲司
*熊沢蕃山　川口　浩
*山崎闇斎　澤井啓一
山鹿素行　前田　勉
*北村季吟　島内景二
*伊藤仁斎　澤井啓一
貝原益軒　辻本雅史
関孝和　佐藤賢一
*ケンペル　B・M・ボダルト＝ベイリー
新井白石　大川　真
荻生徂徠　高山大毅
*雨森芳洲　上田正昭
*石田梅岩　高野秀晴
賀茂真淵　盛田帝子
白隠慧鶴　芳澤勝弘
前野良沢　松田　清
平賀源内　石上　敏
*本居宣長　田尻祐一郎
杉田玄白　吉田　忠
木村蒹葭堂　有坂道子
*大田南畝　沓掛良彦
伊能忠敬　星埜由尚
菅江真澄　赤坂憲雄
*鶴屋南北　諏訪春雄
*山東京伝　佐藤至子
*滝沢馬琴　高田　衛
平田篤胤　山下久夫
国友一貫斎　太田浩司
シーボルト　宮坂正英
本阿弥光悦　岡　佳子
*狩野探幽・山雪　山下善也
尾形光琳　仲町啓子
尾形乾山　河野元昭
*二代目市川團十郎　田口章子
伊藤若冲　狩野博幸
*浦上玉堂　高橋博巳
*佐竹曙山　成瀬不二雄
葛飾北斎　岸　文和
酒井抱一　玉蟲敏子
孝明天皇　青山忠正
*和宮　辻ミチ子
徳川慶喜　大庭邦彦
島津斉彬　原口　泉
鍋島直正　伊藤昭弘

ミネルヴァ日本評伝選

企画推薦
梅原　猛
ドナルド・キーン
佐伯彰一
角田文衞

監修委員
上横手雅敬
芳賀　徹

編集委員
石川九楊
伊藤之雄
猪木武徳
今谷　明
今橋映子
熊倉功夫
佐伯順子
坂本多加雄
竹西寛子
西口順子
兵藤裕己
御厨　貴
武田佐知子

上代

*俾弥呼　古田武彦
日本武尊　西宮秀紀
*仁徳天皇　若井敏明
雄略天皇　吉村武彦
継体天皇　若井敏明
*蘇我氏四代　遠山美都男
*推古天皇　義江明子
聖徳太子　仁藤敦史
斉明天皇　武田佐知子
*小野妹子・毛人・毛野　大橋信弥
*額田王　梶川信行
弘文天皇　遠山美都男
持統天皇　丸山裕美子
阿倍比羅夫　熊田亮介
*藤原四子　木本好信
役小角　脊古真哉
*柿本人麿　古橋信孝
*元明天皇・元正天皇　渡部育子
光明皇后　寺崎保広
*孝謙・称徳天皇　勝浦令子
藤原不比等　荒木敏夫
橘諸兄・奈良麻呂　遠山美都男
吉備真備　今津勝紀
*藤原仲麻呂　木本好信
*藤原種継　木本好信
*行基　吉田靖雄

平安

*桓武天皇　井上満郎
嵯峨天皇　西別府元日
宇多天皇　古藤真平
醍醐天皇　石上英一
村上天皇　京樂真帆子
花山天皇　上島　享
*三条天皇　倉本一宏
藤原薬子　中野渡俊治
*藤原良房・基経　瀧浪貞子
*紀貫之　神田龍身
*安倍晴明　斎藤英喜
*藤原道長　朧谷　寿
*藤原伊周・隆家　倉本一宏
藤原定子　山本淳子
*藤原彰子　朧谷　寿
藤原頼通　末松　剛
藤原師通　中島和歌子
紫式部　高木和子
清少納言　三田村雅子
和泉式部　ツベタナ・クリステワ
大江匡房　小峯和明
*阿弖流為　樋口知志
*源満仲・頼光　元木泰雄
平将門　西山良平
平清盛　川合　康
*藤原純友　寺内　浩
源義家　大津雄一
最澄　吉田一彦
空海　武内孝善
円珍　岡野浩二
*空也　石井義長
奝然　上川通夫
*源信　小原　仁
慶滋保胤　吉原浩人
安倍貞任　野中哲照
*後白河天皇　美川　圭
*式子内親王　奥野陽子
建礼門院　生形貴重
*藤原頼長・師長　樋口健太郎
*藤原秀衡　入間田宣夫
平維盛　根井　浄

木曾義仲　樋口州男
守覚法親王　阿部泰郎
藤原隆信・信実　山本陽子

鎌倉

*源頼朝　川合　康
*源義経　近藤好和
源実朝　神田龍身
*九条兼実　加納重文
九条道家　上横手雅敬
*北条時政　野口　実
*熊谷直実　佐伯真一
*北条政子　関　幸彦
*北条義時　岡田清一
曾我十郎・五郎　杉橋隆夫
*北条時頼　山本隆志
北条時宗　近藤成一
平頼綱　細川重男
竹崎季長　堀本一繁
西行　西澤美仁
鴨長明　浅見和彦
藤原定家　赤瀬信吾
*京極為兼　今谷　明
*兼好　島内裕子
重源　横内裕人
*運慶　根立研介
快慶　井上一稔
法然　今堀太逸
*栄西　中尾良信
明恵　西山　厚
*親鸞　末木文美士
恵信尼・覚信尼　西口順子
覚如　今井雅晴
*道元　船岡　誠
叡尊　細川涼一
*忍性　松尾剛次
*日蓮　佐藤弘夫
一遍　蒲池勢至
夢窓疎石　原田正俊
*宗峰妙超　竹貫元勝

南北朝・室町

後醍醐天皇　上横手雅敬
*護良親王　新井孝重
*懐良親王　森　茂暁
*赤松氏五代　渡邊大門
*北畠親房　岡野友彦
楠正成　兵藤裕己
*楠木正行・正儀　生駒孝臣

刊行のことば

歴史を動かすものは人間であり、興趣に富んだ人間の動きを通じて、世の移り変わりを考えるのは、歴史に接する醍醐味である。

しかし過去の歴史学を顧みるとき、人間不在という批判さえ見られたように、歴史における人間のすがたが、必ずしも十分に描かれてきたとはいえない。二十一世紀を迎えた今、歴史の中の人物像を蘇生させようとの要請はいよいよ強く、またそのための条件もしだいに熟してきている。

この「ミネルヴァ日本評伝選」は、正確な史実に基づいて書かれるのはいうまでもないが、単に経歴の羅列にとどまらず、歴史を動かしてきたすぐれた個性をいきいきとよみがえらせたいと考える。そのためには、対象とした人物とじっくりと対話し、ときにはきびしく対決していくことも必要になるだろう。

今日の歴史学が直面している困難の一つに、研究の過度の細分化、瑣末化が挙げられる。それは緻密さを求めるが故に陥った弊害といえるが、その結果として、歴史の大きな見通しが失われ、歴史学を通しての社会への働きかけの途が閉ざされ、人々の歴史への関心を弱める危険性がある。今こそ歴史が何のためにあるのかという、基本的な課題に応える必要があろう。評伝という興味ある方法を通じて、解決の手がかりを見出せないだろうかというのも、この企画の一つのねらいである。

狭義の歴史学の研究者だけでなく、多くの分野ですぐれた業績をあげている著者たちを迎えて、従来見られなかった規模の大きな人物史の叢書として、「ミネルヴァ日本評伝選」の刊行を開始したい。

平成十五年（二〇〇三）九月

ミネルヴァ書房

《著者紹介》

亀田俊和（かめだ・としたか）

1973年　秋田県生まれ。

2003年　京都大学大学院文学研究科博士後期課程研究指導認定退学。

2006年　京都大学博士（文学）。

日本学術振興会特別研究員等を経て，

現　在　京都大学文学部非常勤講師。専攻は日本中世訴訟制度史の研究。

著　書　『室町幕府管領施行システムの研究』思文閣出版，2013年。

『南朝の真実――忠臣という幻想』吉川弘文館，2014年。

『高　師直――室町新秩序の創造者』吉川弘文館，2015年。

『高一族と南北朝内乱――室町幕府草創の立役者』戎光祥出版，2016年。

ミネルヴァ日本評伝選

足《あし》利《かが》直《ただ》義《よし》

――下知，件の如し――

2016年10月10日　初版第１刷発行

2025年７月10日　初版第２刷発行

〈検印省略〉

定価はカバーに
表示しています

著　者　亀　田　俊　和

発行者　杉　田　啓　三

印刷者　江　戸　孝　典

発行所　株式会社　ミネルヴァ書房

607-8494　京都市山科区日ノ岡堤谷町１

電話代表（075）581-5191

振替口座　01020-0-8076

共同印刷工業・新生製本

ISBN978-4-623-07794-6

Printed in Japan

人名索引

※「足利直義」は頻出するため省略した。

あ 行

か　行

さ　行

た　行

な　行

は　行

ま　行

や　行

ら行

わ行

事項索引

あ行

か行

さ　行

た　行

な　行

は　行

ま　行

や　行

ら・わ　行